머릿속이
**엉망진창일 때가**
있습니다

정신과 의사가 알려주는
'감정적인 나'를 잘 길들이는 법

# 머릿속이 엉망진창일 때가 있습니다

정신과 의사 **이치** 지음 | 송지현 옮김

시그마북스

## 머릿속이 엉망진창일 때가 있습니다

**발행일** 2025년 7월 1일 초판 1쇄 발행
**지은이** 정신과 의사 이치
**옮긴이** 송지현
**발행인** 강학경
**발행처** 시그마북스
**마케팅** 정제용
**에디터** 양수진, 최연정, 최윤정
**디자인** 정민애, 강경희, 김문배

**등록번호** 제10-965호
**주소** 서울특별시 영등포구 양평로 22길 21 선유도코오롱디지털타워 A402호
**전자우편** sigmabooks@spress.co.kr
**홈페이지** http://www.sigmabooks.co.kr
**전화** (02) 2062-5288~9
**팩시밀리** (02) 323-4197
**ISBN** 979-11-6862-361-3 (03180)

ATAMANNAKA MENHERA NA TOKI GA ARIMASU
by Itchi Psychiatrist
Copyright © 2023 Itchi Psychiatrist
Korean translation copyright © 2025 by SIGMA BOOKS
All rights reserved.
Original Japanese language edition published by Diamond, Inc.
Korean translation rights arranged with Diamond, Inc.
through Eric Yang Agency, Inc.

이 책의 한국어판 저작권은 EYA(Eric Yang Agency)를 통해 저작권자와 독점 계약한 **시그마북스**에 있습니다.
저작권법에 의해 한국 내에서 보호를 받는 저작물이므로 무단 전재와 무단 복제를 금합니다.

파본은 구매하신 서점에서 교환해드립니다.

\* **시그마북스**는 (주)시그마프레스의 단행본 브랜드입니다.

당신의 머릿속은 망가진 게 아니에요.
그저

'가끔 망가지는 때'

도 있는 것뿐이지요.

'마음이 조금 불안해질 때'

는 없나요?

머리로는 알고 있어도
스스로 자기 감정을 제어할 수 없는

그런 순간 말이에요.

그럴 때 머릿속에는
부정적인 고리가
만들어져 있습니다.

이 고리를 끊으려면

'지금 머릿속이 엉망진창이구나!'

하고 '깨닫는 것'이 필요합니다.

'깨달음'이 있으면
'감정적인 나'와
'이성적인 나'를

나눌 수 있어요.

그러면 '이성적인 나'가 '감정적인 나'에게
올바른 방식으로 다가갑니다.

이 책에서는 그 방법을 전하려고 합니다.

그 비결은 '○○' 체험을 하는 것.
과연 어떻게 해야 좋을까요?

그 체험을 한 어느 여성이 있습니다.

우선 그녀의 고백을 읽어봅시다.

## 어느 여성의 고백

울고 말았다.

회사에서, 그렇게 많은 사람 앞에서 울어버린 건 처음이었다.
나도 내가 왜 우는지 알 수 없었지만, 눈물이 넘쳐흘러서 내 힘으로는 멈출 수가 없었다.

"일은 어때? 내가 신입이었을 때가 생각나네. 응원할게."

상사의 목소리가 떠올랐다.
정말 괜찮은 직장에 취직했다고 스스로도 생각했다.
상사도, 동료도 대부분 좋은 사람들이었다.
직속 상사는 가족 자랑이 조금 많은 편이었지만 불편하지 않을 정도였고, 신입인 나에게도 스스럼없이 말을 걸어주었다.
연봉도 괜찮았다. 회사에 불만은 하나도 없었다.
그래도 일을 기대보다 못했거나 일이 생각처럼 진행되지 않을 때가 있었다.

"처음에는 다들 잘 못해. 지금 제대로 배워두면 되지."

"나도 처음 들어왔을 때는 잘 못했어. 모르는 게 있으면 얼마든지 물어봐."

그럴 때 이런 다정한 말을 들으면 갑자기 눈물이 났다.

나에게 마음을 써주고 있다는 것은 알았다.

하지만 그런 감정을 느낄 때마다 '내가 얼마나 부족한가'를 다시 깨닫고, 친절하게 대해주는데도 울음이 터지고 말았다.

눈물이 멋대로 넘쳐흐르면 어떻게 해야 할까?

처음에는 화장실이나 남들 눈에 띄지 않는 곳에서 몰래 울었다.

하지만 어느 날, 엄청나게 시간을 들여 완성한 서류를 보이고 개선점을 지적받았을 때(전혀 화도 내지 않았고, 친절하게 가르쳐주었지만), 메모하면서 울어버렸다.

그 후로는 사람들 앞에서 갑자기 눈물이 흘러넘치게 되었다. 결국 상사와 동료들이 있는 사무실에서도 울고 말았다.

어렸을 때부터 남들 앞에서 울지 않으려고 누구보다 노력했다. '눈물은 남에게 보여서는 안 되는 것'이라고 믿고 지켜왔는데, 그렇게 울고 만 것이 너무 큰 충격이었다.

'상사는 날 일단 울고 보는 신입이라고, 귀찮고 한심하다고 생각할 게 틀림없어….'

그렇게 생각하자 더욱 나를 용서할 수 없을 것 같았다.

몇 번이나 울음을 참으려고 했다.
하지만 버릇이 되어버렸는지, 금방 코끝이 찡해지면서 눈물이 멈추지 않는다.
"죄송합니다." "미안해요."
이제 몇 번째인지도 알 수 없는 사과의 말. 눈물과 함께 멋대로 터져 나오는 듣기 싫은 말.
**내가 더 이상 내가 아닌 것 같아….**
이렇게 주위 사람들을 불편하게 하는 나를 보고 다들 분명 **'머리가 어떻게 됐다'**고 생각할 거야.

이렇게 된 후 누군가에게 상담해보려고도 했다.

혼자 살고 있었지만 가족과 사이도 매우 좋았고, 연인도 있었다. 상담할 상대는 많았다.

하지만 이야기를 꺼내려고 하면 '걱정 끼치는 건 싫다'는 죄책감, '회사에서 울다니 몰상식하다고 생각하지 않을까' 같은 수치심이 먼저 올라왔다.

늘 '괜찮은 나'를 연기하느라 제대로 고민을 털어놓을 수 없었다.

사실은 하나도 괜찮지 않은데….


그래서 내 힘으로 어떻게든 방법을 찾아보자고 생각했다.
'직장에서 울지 않는 법'
'멘탈 강하게 하려면'
이런 검색어를 넣어서 인터넷을 뒤지는 것이 요즘의 일과가 되었다.


인스타그램을 열면 반짝반짝 빛나는 인플루언서들이 있다.
'분명 나 같은 거랑은 완전히 다른 세계에 사는 사람들이겠지….'
그런 생각이 들어서 또 우울해졌다.
하지만 '그 사람들처럼 되려면 어떻게 해야 하는 걸까?' 하는 생각도 들었다. 나도 이렇게 될 수 있을까, 얕은 희망을 안기도 했다.

그들의 경험을 참고해보려고 했지만, 애초에 다들 실패해도 마음이 꺾이지 않는 사람들이었다.

"저도 처음에는 실패투성이였지만 계속 도전하니까 잘할 수 있게 되었어요!"

"실패는 성공으로 이어지는 지름길이라고 생각하며 노력했습니다."

'역시 나와는 다르구나….'
더욱 비참한 기분이 들 뿐이었다.

그렇게 검색을 계속하던 중 '그런 징후가 계속되면 우울증에 걸린다'는 기사를 읽었다.

'나약한 사람은 우울증에 걸리기 쉽다'는 글까지 보자 겁에 질렸다.

'역시 나는 그냥 나약한 것뿐일까?'
보통은 나처럼 이렇게 회사에서 울지 않을 것이다.
입사 오리엔테이션에 함께 참가했던 동기들은 모두 나보다 나은 성과를 내고 있었다.

나는 어떨까….
솔직히 말해 더 이상 회사 생활을 지속할 자신이 없었다.

집에 돌아오면 계속 유튜브 영상만 볼 뿐이다.
'자아효능감을 올리는 방법'
'멘탈을 단단하게 하는 세 가지 습관'
…

다들 좋은 말을 하지만, 난 그저 보기만 할 뿐이니 결국 바뀌는 건 아무것도 없다.
그렇게 하염없이 인터넷을 뒤적거리다 조금 특이한 계정을 발견했다.

'랜선 정신과 의사 이치'

랜선 정신과 의사?
'우울증과 적응장애의 차이는?', '정신과에서는 어떤 약을 쓸까?' 같은 다양한 정보를 공유하는 계정이었다.
어쩌면 갑자기 울음이 터지는 건 마음의 병 때문이 아닐까…?

그런 생각이 들면서 흥미가 생겼다. 나하고는 무관한 세계라고만 생각했는데 조금 신선했다.

문득 내 상태가 병인지 아닌지 한번 상담받고 싶었다.

하지만, 정신과는 어쩐지 무서운 이미지가 있어서 직접 찾아가는 건 좀….

그런 생각을 하고 있는데, 이 선생님은 '질문함'이라는 서비스를 무료로 제공하는 모양이었다.

질문을 하거나 고민을 털어놓으면 정신과 의사의 입장에서 무료로 답변해주는 것 같다.

이렇게 쓰여 있었다.

"어떤 질문이나 고민도 다 받습니다."

정말일까….

"정신력이 약하군요", "그런 걸로 고민하지 마세요" 같은 비난이 돌아오는 건 아닐까?

하지만 다른 사람들을 보니 모두들 가볍게 질문하고 있었다.

"힘들게 하는 부모님과 어떻게 거리를 둘 수 있을까요?"

"어떻게 다들 '살아가자!'라며 긍정적인 마음을 가질 수 있는 거죠?"

"선생님은 어떤 포켓몬을 제일 좋아하세요?"

무거운 고민부터 두서없는 질문까지 다양했다.

그러니까 내 질문에도 답을 받을 수 있을지 몰라.

그런 마음에 물어보고 싶어졌다.

**[질문]**

처음으로 질문드립니다.

   이런 것을 물어봐도 될까… 조금 망설였지만 혼자서는 도무지 알 수 없어서 여쭤봅니다.

   요즘 들어 회사에서 갑자기 울음이 터져서 고민입니다.

   뭐랄까, 표현하기가 어려운데, 울고 싶다는 기분이 드는 것도 아니면서 갑자기 눈물이 나는 겁니다.

   혼났거나 상처받은 것도 아닙니다. 오히려 누가 친절하게 대해주었을 때 멋대로 눈물이 흘러서 걷잡을 수 없어집니다.

   이런 일은 처음입니다. 왜 이런 일이 생기는 걸까요?

   저는 어릴 때부터 '우는 것은 부끄러운 짓'이라고 배우며 자랐습니다.

   그런데 제가 그런 부끄러운 짓을 하는 사람이 될 줄은 정말 몰랐습니다.

   회사 사람들도 분명 '툭하면 우는 귀찮은 애', '이상한 애'라고 생각할 것 같아서 아무한테도 고민을 털어놓지 못했습니다.

　어쩌면 마음의 병일지도 모른다는 생각에 병원에 가보려고도 했지만, 무서워서 아직 예약하지 못했습니다.

　괜찮으시다면, 선생님이 전문가로서 의견을 주실 수 있을까요?

　저는 도대체 어디가 이상한 걸까요?

　이건 마음의 병일까요?

　잘 부탁드립니다.

질문을 남기고 말았다.

문장이 서툴지도 모르겠다.

읽기 어렵지는 않을까?

읽지 않으면 어떻게 하지….

그렇게 생각하고 있는데, 곧 답장이 왔다!

**[답변]**

　안녕하세요, 처음 뵙습니다!

　정말 어려운 상황에 계시네요.

　여러 이유로 직장에서 눈물이 날 수도 있지요.

　그런데 '운다'라는 말을 쓰는 대부분은, 주로 슬프다는 감정 때문에 눈물이 흐른다고 생각합니다.

하지만 실제로 '운다'는 현상은 감정을 느끼는 뇌 부위와 눈물을 내보내는 부위가 강하게 연결되었기 때문에 일어난다는 것이 밝혀졌어요.

감정이 동요되는 일이 발생했을 때, 그 일을 잊지 않고 생존에 활용하기 위해 뇌는 필사적으로 기억하려고 합니다. 그러니까 '눈물을 흘려서 기억한다'는 건 일종의 생리 반응이라 할 수 있죠.

예를 들어 무서운 경험을 한 아이는 안전한 장소로 이동해도 한동안은 울음을 그치지 못합니다.

아이들은 그렇게 눈물을 흘림으로써 '위험하다, 무섭다'라는 감정을 강하게 기억하려고 하는 거예요.

이 같은 현상은 본능적인 반응이라서, 숨을 계속 참을 수 없는 것처럼 그만하려고 해도 멈추기 어렵습니다.

하지만 '인간은 확실히 기억하기 위해 눈물을 흘리는 생물이다'라는 사실을 알아두기만 해도 마음이 조금은 가벼워질 수 있어요.

새롭고 낯선 환경에 놓였을 때는 많은 사람들이 자기도 이유를 알지 못한 채 울음을 터뜨립니다.

그렇게 울면서 기억하다 보면, 환경에 익숙해져 기억할 것이 적어지면서 서서히 눈물을 흘리지 않게 될 거예요.

답변을 읽고 내 안에 천둥이 내려친 것만 같은 감각을 느꼈다.

'눈물을 흘려서 기억하는 것은 일종의 생리 반응이다.'
'인간은 확실히 기억하기 위해 눈물을 흘리는 생물이다.'

아마 질문을 남기지 않았다면 이런 관점이 있다는 사실을 평생 모르고 살았을 것이다.
그 정도로 충격적이었다.

'깨달음을 얻었다.'
'각성한 것 같다.'

지금까지 별생각 없이 썼던 이런 표현을 그 순간 완전히 이해했다.

내일은 평소보다 편안한 기분으로 회사에 갈 수 있을 것 같았다.
장담할 수는 없지만, 울음이 터지더라도 오늘보다는 긍정적인 기분으로 올 수 있을 것이다.

그 후에도 종종 회사에서 울었지만, '운다'는 행위를 수치스럽다고 생각하지 않게 되자 오히려 울지 않는 시간이 늘었다.

주위 사람들의 시선도 달라진 것 같았다. 그저 기분 탓일지도 모른다. 하지만 그런 느낌이 드는 건 아무래도 좋았다.

이렇게 내 감정을 기억해나가야겠다.

## 차례

- 어느 여성의 고백 ········································· 013

### 들어가는 말: '감정적인 나'를 잘 길들이는 방법

- 누구나 '머릿속이 망가진 것 같을 때'가 있다 ············ 032
- 마음이 조금 아픈 사람은 '6명 중 1명' ··················· 036
- 부정적 사고는 '나쁜 것'이 아니다 ······················· 038
- 사춘기의 나쁜 '생각 습관'을 고쳐 쓰자 ·················· 040
- '모든 것은 뽑기'라는 거짓말 ····························· 042
- '선택'으로 운명을 뛰어넘자 ······························ 044
- 부모와 따로 가는 길 ···································· 047
- 인간관계를 리셋하는 버릇 ······························ 050

## 제1장 머릿속이 엉망일 때를 인식한다

- 누구나 '눈'이 흐려질 때가 있다 ········· **056**
- 머릿속이 엉망진창일 때 어떻게 극복할까? ········· **060**
  - ❶ 사람이 금방 싫어진다(양극형) ········· **066**
  - ❷ 무언가에 너무 심하게 빠진다(의존형) ········· **070**
  - ❸ 모든 것이 다 허무해진다(공허형) ········· **076**
  - ❹ 자신감이 사라진다(자기동일형) ········· **081**
  - ❺ 짜증이 멈추지 않는다(폭발형) ········· **086**
  - ❻ 만사가 어떻게 되든 상관없다(자기파괴형) ········· **090**
- '이성적인 나'와 '감정적인 나'를 분리하는 단 하나의 방법 ········· **096**

## 제2장 '이성적인 나'를 키우는 방법

- 어떻게 해야 '감정적인 나'를 잘 다룰 수 있을까? ········· **104**
- '이성적인 나'에게 '자신감'을 더하자 ········· **108**
  - 단계1 '안대'를 벗는다 ········· **114**
  - 단계2 '범인 찾기'를 한다 ········· **119**
  - 단계3 '징크스의 마법'을 사용한다 ········· **130**
  - 단계4 '연동'시킨다 ········· **142**

## 제3장 망가진 머릿속을 극복한 6명의 이야기

- '실제 사례'를 읽고 실천해보자 ···································· **156**
- 스스로 질릴 정도로 극단적인 성격—'양극형인 나'의 경우 ··· **158**
- 그만하고 싶은데 그만둘 수 없어—'의존형인 나'의 경우 ······ **168**
- 마음이 텅 비어서 즐겁지 않아—'공허형인 나'의 경우 ········ **177**
- 내가 어떤 사람인지 모르겠어—'자기동일형인 나'의 경우 ···· **187**
- 내가 너무 짜증스러워—'폭발형인 나'의 경우 ·················· **194**
- 인간관계 리셋 증후군인지도 몰라
  —'자기파괴형인 나'의 경우 ·································· **206**

## 제4장 만만치 않은 '감정적인 나'에게 대처하는 법

- 그럼에도 나쁜 쪽으로 치닫는 당신에게 ························ **220**
- '나는 이런 인간이야'라는 강한 착각의 말로 ·················· **224**
- '열등의식'을 마주하기 위해 해야 할 일 ························ **230**
- '감정을 죽이는 것'과 '감정을 통제하는 것'의 차이 ········· **236**
- 나의 행동에 왜 '죄책감'을 느낄까? ······························ **242**
- 부정적인 생각을 고쳐 쓸 시간이야 ······························ **250**

제 5 장

## 앞으로도 계속 편안한 마음을 만들기 위한 지혜

- 앞으로도 마음을 '계속 편안하게' 만들기 위하여 ············ **262**
- 스트레스 대처법을 '지렛대의 원리'로 생각해보자 ········· **265**
- 정신을 안정시키기 위한 세 가지 접근 ························· **269**
- '힘점'을 지탱해줄 파트너의 존재 ······························· **275**
- '받침점'을 어떻게 움직일 것인가? ······························ **283**
- '작용점'에 걸리는 힘을 어떻게 줄일까? ······················· **291**

- 맺는말 ····················································································· **299**
- 참고문헌 ················································································· **305**

## 들어가는 말 ) '감정적인 나'를 잘 길들이는 방법

여러분, 안녕하세요?

정신과 의사 이치입니다.

정신과 의사로 일하며 이제까지 많은 분들을 진찰해왔습니다.

그런데 저에게는 또 하나의 얼굴이 있습니다.

바로 '랜선 정신과 의사'입니다. 인터넷을 통해 비교적 젊은 분들의 고민을 듣고 있지요.

인터넷 세계에는 '괴롭지만 병원에 갈 정도는 아닌 것 같다'며 자신의 문제가 병까지는 아니라고 생각하는 분들의 고민이 많습니다.

예전이라면 친구나 가족, 회사 동료, 선배 등 주변 사람들에게 털어놓고 해결했을 고민들입니다.

하지만 지금은 그런 사회적 관계가 거의 기능하지 못하고 있습니다.

주변 사람들에게 걱정을 끼치고 싶지 않고, 사생활을 침범하는 건 예의가 아니라는 생각이 널리 퍼져 있기도 하니까요. 이야기를 할 만한 사람이 가까운 곳에 없다는 현실이 느껴집니다.

그럴 때 '인터넷에서 가볍게 할 수 있는 고민 상담'은 강한 힘을 발휘

합니다.

얼굴을 알릴 필요도 없고, 익명이니까 솔직한 이야기도 비교적 하기 쉽습니다.

하지만 인터넷 정보에는 좋고 나쁜 것이 섞여 있어요. 무책임한 답변에 휘둘리는 일도 얼마든지 있을 거예요.

그런 가운데 정신과 의사라는 자격은 저의 강점이 되었습니다.

되도록 많은 분들의 고민을 들어주고 싶다. 도움이 되는 지식을 나누고 싶다.

그런 마음으로 활동했습니다.

첫머리에 '갑자기 울음이 터지는 분'에 관한 에피소드를 소개했습니다.

그분은 갑자기 울어버리는 **'감정적인 나'**를 보고 '기억하기 위해 눈물을 흘리는 것'이라며 **'이성적인 나'**가 이해하는 순간을 경험했어요.

이런 순간을 두고 **'각성'을 체험했다**고 합니다.

그와 같은 경험을 독자 여러분도 느껴보시길 바랍니다.

그러길 바라며 이 책을 썼습니다.

## 🟢 누구나 '머릿속이 망가진 것 같을 때'가 있다

누구나 한 번쯤은 **'내 마음을 모르겠어!'**라고 느낄 때가 있습니다.

- 나도 모르게 부정적인 생각만 하고 있다.
- 자신감이 없고 의욕도 없다.
- 사소한 답답함을 해소하지 못하고 밤에도 잠이 안 온다.

이럴 때입니다.
눈물이 나거나 겁이 나는 등 자기 기분을 억제할 수 없어요.
'슬슬 움직여야 하는데…'
'불안해한다고 좋을 건 없는데…'
머릿속으로는 알고 있지만 늘 자기 감정에 휘둘리고 말지요.

인간은 스스로 생각하는 것보다 훨씬 더 '감정'과 '이성'이 일치하지 않는 존재입니다.

예를 들어 "체중을 조금 줄이는 게 건강에 좋습니다"라는 의사의 말을 듣고 당장 다이어트를 성공할 수 있는 사람은 없습니다.

이렇게 말하면 "말은 간단하죠. 할 수 있으면 벌써 했다고요!"라고 하실 거예요.

하지만, **'머리로는 알지만 마음이 안 따라줘'**라고 생각하는 '감정적인 나'만 머릿속에 가득한 상태가 이어지면 언젠가 정신에 병이 올 수 있어요.

들어가는 말 '감정적인 나'를 잘 길들이는 방법

정신 이상, 속된 말로 **'멘헤라'** * 라는 것은 이런 상태를 가리킵니다.

"사실은 알고 있지만 인정하기 싫어."
"무리라는 건 알지만 계속 함께 있어줬으면 좋겠어."
"괜한 말을 듣고 마음이 흔들려서 일이 손에 잡히지 않아."
…

이처럼 '감정'과 '이성'이 따로 움직여서 마음이 불안정한 상태입니다. 그런 상태를 앞으로 이 책에서는 **"머릿속이 망가졌다!"**, **"머릿속이 엉망진창이다!"** 라고 부르기로 합니다.

머릿속에서 감정이 소용돌이칠 때, 그 감정을 1초만 입 밖으로 꺼내 말해보세요.

어떤가요?

지금보다 훌쩍 높은 곳에서 자기 자신을 내려다볼 수 있을 거예요.

---

* 멘헤라(メンヘラ)란 '멘탈 헬스(mental health)'에 무언가를 하는 사람을 의미하는 영어 접미사 'er'을 붙여 만든 일본발 신조어로, 멘탈 헬스, 즉 정신 건강에 문제가 있는 사람을 가리킨다. 정식으로 진단받은 것이 아니더라도 우울함이나 불안, 의존증 등의 정신 증상이 심하다고 느낄 때 자조적, 부정적으로 쓰이는 경우가 많다. 은어의 성격을 띠지만, 서브컬처에서는 '멘헤라쨩'이라고 캐릭터화하는 등 흔하게 쓰인다. 이 책에서는 '마음의 병', '머릿속이 망가졌다', '머릿속이 엉망진창이다' 등으로 표현했다.-옮긴이

**누구나 머릿속이 망가진 것 같은 때가 있습니다.**

첫머리에서 소개한 분도 그렇습니다.

정신과 의사인 저 역시 그런 순간이 있어요.

누구나 그럴 수 있는데도, 정신 이상이라는 말은 "쟤는 머리가 이상해!", "쟤는 정신병자 같아!"라며 부정적으로 쓰이곤 합니다.

저는 다르게 생각해요.

자기 머릿속을 향해 **'좀 이상할 때도 있는 거야'**라고 인정하는 것도 필요합니다.

그러면 '감정적인 나'와 '이성적인 나' 사이에 관계성이 성립합니다.

그다음에는 '이성적인 나'가 '감정적인 나'를 잘 길들여가기만 하면 되지요.

이 책에서는 그렇게 사고하는 법을 자세하게 설명합니다.

## 🌱 마음이 조금 아픈 사람은 '6명 중 1명'

우리 주위에 정신이 불안정한 사람은 몇 명이나 있을까요?

일본 후생노동성의 발표에 따르면 지금 일본에는 정신질환을 앓고 있는 사람이 적어도 400만 명 이상이라고 합니다.

총인구의 약 4%에 달하는 사람들이 정신질환을 앓고 있는 거예요. 정신질환은 일본의 5대 질병에 꼽힐 정도로 이제는 사회 문제라고 할 수 있습니다.

상당히 많지요?

또 정신질환을 앓는 사람들 뒤에는, 병이라고 진단받지 않았지만 **'마음이 조금 아파 정신이 불안정한 사람'**이 실제 병을 앓고 있는 사람의 5배, 즉 약 2,000만 명 이상이나 있다고 합니다.

마음이 조금 아픈 사람, 아직 진단받지 않았지만 병에 걸릴 것 같은 사람을 의학에서는 '위험한 정신 상태' 또는 'ARMS(At Risk Mental State)'라고 부릅니다.

머릿속이 '조금 망가진' 것 같아서 생활하는 데 어려움을 느끼는 평범한 사람들입니다.

'멘헤라'라는 말은 일본의 인터넷 속어에서 기원했습니다.

'멘탈 헬스(정신 건강)'라는 말에서 시작하여 소위 '멘탈 헬스에 다닐 것 같은 사람'이라는 의미로 만들어진 말이지요.

인터넷에서 편리하게 쓰기 위해 생긴 말이지만, 어느샌가 인터넷의 울타리 밖으로 나와서 현실에서도 쓰이는 일이 늘었습니다.

'멘헤라녀'나 '멘헤라 남친' 같은 말이 유행하면서 자기 자신을 멘헤라라고 표현하는 경우도 보이기 시작했습니다.

멘헤라라는 말이 이렇게 퍼진 것은 편의성 때문입니다.

좀 우울해 보이는 사람, 말이 안 통하는 사람에게 '모욕'을 주기 위해 멘헤라라는 말을 쓰기 시작하며 SNS에서 밈으로 자주 사용된 덕분에 더 빨리 확산된 면도 있지요.

'그냥 살 뿐인데도 힘들다'고 느껴지거나 불안정한 정신 상태를 나타내기 위해 많은 사람들이 자신을 멘헤라라고 자칭하기도 합니다. 일본에서는 소설이나 애니메이션, 게임의 카테고리로서도 널리 쓰이고 있어요.

이처럼 멘헤라라는 카테고리는 그 폭이 매우 넓습니다.

## 🟢 부정적 사고는 '나쁜 것'이 아니다

여기서 중요한 사실은 '머릿속이 엉망진창인 것'이 반드시 나쁘지만은 않다는 거예요.

누구나 정신이 불안정해지기도 하고 부정적인 감정을 품기도 합니다.

그런데 처음에 소개했던 분처럼, 자기 감정이 부정적일 때 반성하거나 미안함을 느끼는 경우가 있어요.

정신과 의사로서, 많은 분이 자기 감정을 이야기할 때
"자꾸 부정적으로 생각해서 죄송합니다"
라고 말한다는 것에 문제가 있다고 느꼈어요.

정신과 치료나 상담을 받는 목적은 '자기가 가진 폭넓은 감정을 받아들이고, 표현하기 위해서'입니다.

그런데 우리 사회에는 **'긍정적으로 생각해야 한다'는 편견**이 분명 존재하지요.

사실 정신 건강이라는 관점에서 보면, 부정적인 감정을 가진 사람이야말로 그 감정을 받아들임으로써 큰 이점을 취할 수 있다는 것이 밝혀져 있어요.

그러므로 부정적인 감정이 올라왔을 때는 조금 더 적극적으로 사고해볼 필요가 있습니다.


슬픔이나 분노라는 감정은 인생의 중요한 요소입니다.

인생의 그 중요한 일부분을 받아들이는 것은 마음의 안정을 찾을 때 빼놓을 수 없는 '수용'이라는 과정의 일부이기도 합니다.

자기 감정을 억지로 누르며 인생의 한 부분을 거부하면 사람의 정신은 반발할 수밖에 없어요. 불안정한 상태가 되는 거지요. 반대로 자기 감정, 자기 자신을 부정하지 않고 수용하고 받아들이면 내 인생에 '만족감'을 얻을 수 있습니다.


**긍정성을 지나치게 강조하고 억지로 긍정적인 행동을 하는 것은**

인생의 복잡함과 어려움을 거부하는 것이라 할 수 있어요.

또 긍정성을 유지하기 위해 눈앞의 위험을 외면하고 관심을 끊어버리면 태도나 사고방식이 '과도한 낙관성'으로 치우칠 수도 있습니다.

그런 문제를 해결하기 위한 힌트가 바로

'머릿속이 좀 망가졌어!'

라며 자기 자신을 객관적으로 보려는 자세예요. 부정적인 감정을 느끼는 자신을 거부하지 말고 받아들이는 거지요.

## 사춘기의 나쁜 '생각 습관'을 고쳐 쓰자

머릿속을 정리하기 위해서는 뇌 시스템을 알아야 합니다.

'감정적인 당신'과 '그것을 바라보는 이성적인 당신'.

머릿속에 이 두 사람이 함께 있습니다.

예를 들자면 '감정에 휩쓸려서 난처한 당신'이 있는 한편, 방송 패널처럼 그 모습을 '관찰하고 있는 당신'이 있는 거예요.

이성적으로 관찰하는 역할을 '부모'가 맡을 때도 있습니다.

종교가 중요한 국가에서는 '신'도 그런 기능을 합니다. '하느님이 지켜

보고 계신다'는 말처럼요.

  좋은 환경에서 태어나 '부모'나 '종교' 등이 제대로 기능하는 가운데 성장한 사람은 마음이 쉽게 안정되는 경향이 있습니다.
  하지만 세상 모두가 그런 축복받은 환경에서 자라는 건 아니지요.
  특히 감수성이 예민한 10대 때는 감정적인 나에게 주도권을 넘겨준 채 '생각 습관'이 만들어지는 경우가 많습니다.
  제가 온라인에서 상담해온 젊은 분들도, 정도의 차이는 있지만 유소년기나 사춘기에 좋지 않은 생각 습관이 만들어진 케이스가 많았어요.

어른이 된 지금, 그 습관을 고쳐야 합니다.

## 🟢 '모든 것은 뽑기'라는 거짓말

여기까지 읽고서 '말은 그렇게 해도 어떻게 자기 자신을 바꾸겠어?'라고 생각했을지도 모릅니다.

그런 의문에 희망을 주는 이야기를 하고 싶습니다.

여러분은 '부모 뽑기'라는 말을 들어본 적 있습니까?

모바일 게임 등에서 아이템을 뽑기로 사거나 손에 넣는 시스템에 빗댄 표현입니다. 간단히 말해 **'자기 힘으로는 어쩔 수 없는 복불복'**을 가리키는 말이에요.

'자식은 부모를 고를 수 없다'고 흔히들 말합니다. 우리는 태어날 가정이나 몸에 넣고 싶은 유전자를 자기 손으로 고를 수 없습니다.

이런 개념은 운에 좌우되는 인생이나 내 손으로 고르지 않은 것에 의해 일어나는 문제점을 표현하지요.

"키가 더 크고 외모도 뛰어나고 머리도 좋았다면…."(유전자 뽑기)

"선천적으로 몸이 약해서 잠을 오래 못 자는데…"(체질 뽑기)

이런 분위기 속에서 "뽑기를 망했거든"이라는 변명으로 인생 자체를 포기해버리는 사람이 늘고 있습니다.

분명 인생에는 바꿀 수 없는 '뽑기 운'이 존재합니다.

예를 들어, 어릴 때 지독하게 가난한 집에서 자랐거나 신체적 혹은 정서적 학대를 받고 자란 아이는 그렇지 않은 아이와 비교해 뇌의 발달이나 정신적 성숙도에 적지 않은 폐해가 발생하는 것은 사실이에요.

하지만 인류사를 돌아보면 현대만큼 '뽑기 운'의 영향이 적은 시대도 없었답니다.

출생이나 신분으로 인생이 결정되는 이야기는 인간의 역사를 조금만 돌아보면 쉽게 찾을 수 있습니다. 고작 수백 년 전으로만 거슬러 올라가도 명확한 신분 제도가 있었어요.

이런 배경을 생각해보면, '뽑기'라는 개념에 의문을 느끼는 목소리가 나오는 현대의 가치관이 오히려 인류사에서는 이례적일지도 모릅니다.

그런데 일본만 봐도, '국민이 모두 중산층'이라 여겨졌던 과거보다 경제 격차가 벌어지면서 지금까지 보이지 않았던 '차별이라는 이름의 뽑기'가 두드러지게 되었습니다.

특히 SNS 같은 온라인 환경의 영향도 큽니다.

타인의 생활이 '가시화'되면서, 겉으로 드러나는 타인의 인생과 자신의 인생을 비교하고 비참함을 느끼거나 상처받기 쉬워진 거예요.

## ◉ '선택'으로 운명을 뛰어넘자

그러면 우리는 '뽑기'라는 운명에서 도망칠 수 없는 걸까요?

대답은 '아니오'라는 것이 분명히 밝혀졌습니다.

완전히 똑같은 수정란에서 태어난 일란성 쌍둥이여도 자란 환경이나 함께 지낸 친구들이 어떠냐에 따라서 사고방식과 성격이 다르고, 기호와 행동 패턴에 차이를 보이기도 합니다.

유명한 예를 들어볼게요. 두 살 때 헤어져서 한국과 미국이라는 서로 다른 나라와 서로 다른 가정에서 성장한 일란성 쌍둥이가 있습니다.

두 사람은 같은 유전자를 갖고 있지만 인지 능력에서 눈에 띄는 차이를 보였습니다.

한국에서 자란 아이는 지각적 추론과 처리 속도를 측정하는 지능 테스트에서 매우 높은 점수를 땄습니다. IQ 역시 미국에서 자란 아이보다 16포인트나 높은 수치를 기록했어요.

또 성장환경에 따라 쌍둥이의 가치관도 크게 차이가 났습니다. 미국에서 자란 아이는 '개인주의적인 가치관'을 가졌지만, 한국에서 자란 아이는 '집단주의적인 가치관'을 갖고 있음이 밝혀졌어요.

이 예에서도 알 수 있듯 사실 유전자라는 것은 인간의 '환경'이나 '선택'에 따라 그 모습이 변합니다. 우리의 상상보다 훨씬 더 유연한 성질을 가지고 있지요.

즉 완전히 똑같은 DNA를 가지고 있더라도 **환경에 따라 활성 스위치를 누를 수도 있고, 누르지 않을 수도 있어요.**

유전자는 간단히 말하면 인체가 활동하는 데 필요한 단백질을 만들기 위한 설계도입니다. 어떤 환경에 있느냐에 따라서 그때그때 알맞은 단백질을 합성하기 위해 스위치를 바꿀 수 있지요.

그런 스위치 중에 우리가 평소 느끼는 **'행복이나 불행 같은 심층 심리'**가 있습니다.

예를 들어 강한 고립감이나 불행이라는 감정에 노출되면 심장병, 알츠하이머, 혹은 관절염처럼 염증을 동반하는 질병에 걸릴 위험성이 높아지고, 또 바이러스성 감기 등에 잘 걸리게 만드는 스위치가 눌린다고 해요.

이 스위치는 '사회로부터 얼마나 소외되어 있는가'라는 객관적인 사실이 아니라 **'본인이 얼마나 고독감을 느끼는가'**라는 주관적인 감정을 기반으로 조작됩니다.

한편 행복감이나 만족감과 같은 감정도 스위치를 움직이게 합니다.
이런 긍정적인 감정은 염증 반응과 관련된 유전자를 억제하고, 항바이러스 반응과 관련된 유전자를 활성화한다고 하지요.

태어나는 시점의 유전자 뽑기가 우리의 많은 부분을 결정하는 것은 맞습니다.

그런 의미에서 인생의 대부분은 '태어난 시점'에서 결정되는 건지도 모르지요.

하지만 유전자 작용이 그 사람의 생활 방식에 크게 영향을 받는 것 또한 사실입니다.

우리가 '어디에서 누구와 어떻게 살아가는가'는 그만큼 중대한 선택이 될 거예요.

## 부모와 따로 가는 길

그렇다면 부모라는 환경 뽑기에서 실패한 사람은 어떻게 해야 할까요?

부모가 제공하는 환경이 열악하면 훗날 인생에 큰 장애를 남기는 경우가 있습니다.

저 역시 정신과 의사로 일하면서 '이렇게 바른 아이가 왜 그런 끔찍한 환경에서 살아야 하나'라고 느낀 적이 있으니까요.

트라우마 때문에 사람을 믿을 수 없게 되거나 억지로 참고 견디는 버릇을 버리지 못하거나 남에게 마음을 열지 못하는 등, 아이의 인생에 큰 영향을 미치는 거예요.

하지만 **환경이 미치는 이런 영향도 여러분 자신의 선택으로 줄일 수 있습니다.**

환경이 유전자를 변화시키듯, 여러분의 사고방식이나 버릇, 가치관도 환경의 변화나 새로운 가치관을 접하며 '세상을 이렇게 살아갈 수도 있구나'라고 느끼면 바꿀 수 있어요.

10대 때 몸에 밴 '생각 습관'은 사회인이 된 후에는 버려야 합니다.

'그렇게 생각할 수 있다는 것 자체가 축복받은 사람인 거지.'
'하고 싶어도 못하니까 문제라는 거 아니야.'

지금 이런 생각이 들었나요?

하지만 **'부모와는 다른 나의 인생을 산다'**는 선택을 할 수 있는 것도 여러분뿐입니다.

아무리 이해심 깊은 부모라도 아이에게 반항적인 말이나 자기 뜻에 반하는 의견을 들으면 화가 치솟기 마련입니다.

하물며 자식에게 "그런 양육 방식은 잘못되었어요"라고 지적받으면 부모는 자기 존재를 부정당한 기분이 들 겁니다. 웬만해서는 받아들이지 못하지요.

자식으로서 설득할 수 없고, 서로가 양보할 수도 없는 부모 자식 관계는 분명 존재합니다. 무리해서 부모를 변화시키려 하지 말고 우선 나 자신을 지킬 선택지를 골라야 합니다.

'그래도 부모님을 못 본 척할 수 없다'는 공의존 감정을 느낄 수도 있습니다. 하지만 **부모에 대한 죄책감보다 나의 행복을 최우선 사항으로** 두어야 해요.

만약 정말로 부모님에게 힘이 되고 싶다면 부모님을 부양할 만한 생활적 여유, 정신적 여유가 필요합니다.

그러기 위해서는 우선 독립해서 거리를 둔 다음 자기를 지키는 것도 하나의 선택이 될 수 있어요.

인생은 뽑기의 연속입니다. 그와 동시에 선택의 연속이기도 하지요. '담배를 피지 않는다'고 선택함으로써 폐암에 걸릴 확률을 낮출 수 있는 것처럼, 또 '매일 조금이라도 운동한다'고 선택함으로써 약간이나마 건강해질 수 있는 것처럼요.

여러분이 계속 선택하는 한 부모 뽑기가 여러분에게 미치는 영향은 조금씩 줄어든다는 것 역시 사실입니다.

뽑기에서 실패했다고 포기하지 마세요.
여러분의 사고방식을 지금 삶에서 바꾸세요.

이 책에서 말하는 것이 그런 사고방식입니다.

## 🟢 인간관계를 리셋하는 버릇

방금 부모와 별개의 존재로 살아가는 법을 이야기했는데, 그 부작용도 함께 말씀드리겠습니다.

'아아, 그 사람과의 관계를 정리하고 싶다…'

한 번쯤은 이런 생각을 해본 적 있지 않나요?

귀찮은 상사.

시끄러운 부모.

어색해진 친구.

우리는 복잡한 인간관계에 둘러싸여 살아갑니다. 그런 인간관계를 아무런 전조도 없이 끊어버리면 어떻게 될까요?

그런 버릇이 있는 사람을 일각에서는 **'인간관계 리셋 증후군'**이라고 부릅니다.

'귀찮은 인간관계를 끊을 수 있다면 그걸로 좋은 거 아닌가요?'

그렇게 생각했을지도 모르지요.

하지만 아무런 예고도 없이 갑자기 손을 놓아버리면 그 후 문제가 생깁니다.

사이 좋은 친구, 걱정해주는 가족. 이렇게 자기에게 소중한 관계까지 간단히 끊어버리는 거예요.

"인간관계를 이어가는 데 지쳤어."

"아무튼 나 혼자만의 세계에 있고 싶어."

그런 충동적인 이유로 모든 관계를 끊어버립니다.

'인간관계 리셋 증후군'이 심해지면 아주 성가신 상황에 이릅니다.

누구든 직장이나 친구 관계 속에서 '갑갑함'을 느낄 때가 있어요.
그래서 골치 아픈 실뜨기처럼 얽혀버린 인간관계를 풀기 위해 실을 아예 끊어버리려고 해요.
그렇게 '초기화'하고 나면 기분이 조금은 가벼워지고 구원받은 듯한 느낌이 듭니다. 이것이 버릇이 되어 반복하는 것이지요.

'이성적인 나'는 관계를 끊지 않는 것이 좋다고 생각합니다.
그런데도 '감정적인 나'가 자꾸 초기화를 원해요.

이러한 문제에도 이 책이 도움이 될 거예요.
그러한 뒤틀림을 풀어낼 방법을 꼼꼼하게 설명하려고 합니다.

\*

이 책에서는 어린 시절과 사춘기의 트라우마 때문에 '스스로 바꾸기를 포기한 사람'에게 정신 의학적 지식을 기반으로 한 힌트를 알려드리려고 합니다.

이를 통해 생각 습관을 고치고, '그래, 지금의 삶에서 나를 바꾸자'라며 한 걸음 나아가길 바라는 마음으로 이 책을 썼습니다.

**'머릿속이 망가졌어!'**

이 한순간의 깨달음이 변화의 입구가 될 거예요.

이 책과 함께 나를 다루는 법에 대해 알아가도록 해요.

'감정'과 '이성'이 일치되는 '각성'의 경험을 만들어봅시다.

정신과 의사 이치

# 제 1 장

# 머릿속이 엉망일 때를 인식한다

제1장 머릿속이 엉망일 때를 인식한다

# 누구나 '눈'이 흐려질 때가 있다

'마음의 병'이라는 말에 떠오르는 사람이 있나요? 아직 나와는 관련 없는 이야기 같나요?

하지만 그 특징을 살펴보면 다음과 같습니다.

- 감정이 불안정해질 때가 있다.
- 극단적인 사고를 할 때가 있다.
- 의사소통하기가 어렵다.

이를 통해 '마음의 병'이란 사실은 **'누구나 한 번쯤 느껴보았을 상태'**임을 알 수 있어요.

이제부터 소개하는 이야기를 들으면 마음의 병을 나와 가까운 일이라고 느낄 수 있을 거예요.

제가 만난 어느 여성의 이야기입니다.

그분은 가정 환경이 조금 복잡했어요. 부모님이 가족으로서 제대로 기능하지 못하는 이른바 '역기능 가정' 속에서 성장했습니다.

가끔 히스테리를 부리는 어머니와 집에 거의 들어오지 않는 아버지 밑에서 태어나, 방이 하나뿐인 아파트에서 유년기를 보냈습니다.

초등학생 시절부터 '엄마 같은 건 이 세상에서 사라졌으면 좋겠다'라는 감정과 '엄마한테 기대고 싶다'라는 감정이 뒤섞이는 것을 조금씩 자각했다고 해요.

어느 날 반에서 도난 사건이 발생했는데 그녀가 도둑이 아니냐고 의심을 받게 되었습니다.

그녀는 부정했지만, 반 친구 여럿이 '걔가 훔치는 걸 보았다'고 증언했어요.

사실은 가장 친한 친구가 SNS 비공개 계정에서 그녀를 모함하며 헐뜯고 있었고, 그 말을 진짜로 믿은 반 친구들이 고발한 거였지요.

그녀는 단짝 친구에게 배신당하고, 집에도 학교에도 내가 있을 곳은 없다고 느꼈습니다.

나만 이 세상에 자리가 없다고 생각하자 자기 안에서 무언가가 뚝 끊어지는 것을 느꼈다고 합니다.

그 후 그녀는 집 안에서 물건을 부수고 자해하기 시작합니다.

손목 긋기나 약물 남용 등 자기를 상처 입히는 행위를 시작으로, 18살 때 가출한 후에는 여러 이성의 집을 전전했습니다. 하지만 그 누구와 지내도 마음이 채워지지 않았습니다.

늘 고독감과 불안함을 느꼈고, 누가 옆에 있어도 허무했습니다.

그리고 자꾸 이런 생각에 빠졌어요.

**'언젠가 나는 버려질 거야!'**

하지만 그녀는 '수용'이라는 과정을 거쳐서 마음의 아픈 부분과 타협하며 서서히 '안심감'을 느낄 수 있게 되었지요.

그녀는 '깨달음을 늘려가는' 과정을 수용으로 연결했습니다.

이처럼 불우한 가정 환경에서 자랐더라도, 어른이 된 후 어떻게 생각하느냐에 따라 다시 태어날 수 있어요.

**'환경과 트라우마가 원인이 되어 자기를 보는 눈을 흐리게 만든다.'**

이런 자연스러운 반응 때문에 마음이 병든 시기가 이어진다는 것을 이분의 경험을 통해 전하고 싶었습니다. 누구에게나 일어날 수 있는 일이에요.

그런 일이 일어나는 과정과 극복법에 대해서는 뒤에서 자세히 이야기하기로 하고, 우선은 이 점을 명심합시다.

제1장　머릿속이 엉망일 때를 인식한다

# 머릿속이 엉망진창일 때 어떻게 극복할까?

마음의 병에 관해 더 깊게 이해해봅시다.

- 과거의 트라우마
- 가정에서의 문제
- 따돌림
- 감각 과민
- 의사소통 장애
- 불우한 유년기*
- 연애 공포

이와 같은 배경이 있으면 사회에서 살아가는 게 힘들다고 느낄 수 있습니다.

배경을 제대로 보지 않은 채 무작정 약에 의존하거나 마음챙김, 자아효능감 등을 시도한다면 이는 일시적인 해결책에 지나지 않아요.

그런 접근법에는 '나를 바로 안다'는 전제 조건이 빠져 있으니까요.

---

* 알코올 의존증 가정에서 자란 사람(Adult Child of Alcoholics) 혹은 역기능 가정에서 자란 사람(Adult Child of Dysfunctional Family)을 뜻하는 '어덜트 칠드런(AC)'이라고 표현하기도 한다.-옮긴이

나를 객관적이고 올바르게 평가하기란 말은 쉬워 보여도 실천하기 어렵습니다.

앞서 소개했던 여성분은 자기 자신을 부정하는 사고 패턴을 '깨달음'으로써 사고방식의 불균형을 알아차리고 서서히 마음을 다잡을 수 있었습니다.

즉 '제3자의 눈으로 나를 평가하는 시점'을 획득한 거예요.

그 첫걸음은 한순간 찾아온 이 깨달음이었습니다.

**'머릿속이 망가졌어!'**

마음의 균형을 되찾아오는 힘을 '회복탄력성'이라고 합니다.

그 힘은 선천적인 능력과 상관없이 자기 힘으로 배울 수 있는 것임이 밝혀졌습니다.

다음은 회복탄력성을 키우기 위한 10가지 방법입니다.

- ① 따뜻한 관계를 쌓는다.
- ② 문제를 극복할 수 없다고 생각하지 않는다.
- ③ 바꿀 수 있는 것과 바꿀 수 없는 것이 있음을 받아들인다.
- ④ 현실적인 목표를 세우고 나아가려고 한다.

- ⑤ 스스로 결단을 내린다.
- ⑥ 실패해도 거기서 배우려고 한다.
- ⑦ 긍정적인 사고방식의 가치를 인정한다.
- ⑧ 장기적인 관점에서 본다.
- ⑨ 희망을 놓지 않는다.
- ⑩ 자기를 돌본다.

물론 전부 충족시킬 필요는 없어요.
**"'감정적인 나'가 이 중에서 원하는 것을 고르면 '이성적인 나'가 그것을 제공한다'**는 자세가 중요합니다.
자세한 것은 다음 파트부터 예를 들며 하나씩 설명할게요.

인간의 뇌는 아주 정교하게 만들어진 컴퓨터입니다. 부족한 부분이 있으면 신호를 보내지요.
수분이 부족하면 목이 마르고, 더우면 땀을 흘리고, 고독함을 해소하기 위해 다른 사람의 온기를 그리워하게 만듭니다.
나를 알고 부족한 조각을 채우는 것이 마음에 평온을 불러오는 행위임을 우선 마음에 새겨두세요.

## '머릿속이 망가질 때'는 6가지 타입이 있다

우리는 '오타쿠', '인싸', '아싸'라는 말처럼 사람의 특징을 특정한 틀에 넣어 '카테고리화'하는 것을 좋아합니다.

다양한 사람과 만날 기회가 많아진 만큼, 상대나 나에 대해 미리 파악해두면 처음 보는 사람과 이야기할 때 생기는 불안감을 줄일 수 있는 일종의 방어 수단이 되거든요.

내가 어떤 사람인지 '카테고리화'하면 자기소개가 쉬워지고 서로 불안을 줄일 수 있어요.

카테고리화는 인간관계를 원활하게 하고 불안을 줄이기 위한 명함, 메시지 카드 같은 편리한 도구예요.

하지만 **'나라는 인간은 변할 수 없다'**는 잘못된 믿음을 낳을 가능성도 있습니다.

흔한 미신 중 하나가 '혈액형별 성격'이에요.

'A형은 성실하다', 'O형은 대범하다' 같은 믿음이 뿌리 깊지요.

누구에게나 들어맞는 카테고리를 보고서도 바로 나를 위한 것이라고 믿는 건 사람 심리의 특징입니다.

여기서 말할 카테고리는 그런 단정적인 것은 아닙니다.

한 타입의 특징이 강하게 나타나는 사람도 있을 것이고, 어쩌면 6가지의 타입 모두가 비슷비슷하게 들어맞는 사람도 있을 거예요.

'감정적인 나'가 나왔을 때 '이성적인 나'가 자기 감정을 따져보는 것이 중요합니다.

**'지금 이 짜증스러움과 초조함은 어떤 타입일까?'** 라면서요.

바로 이 6가지 타입입니다.

- ① 사람이 금방 싫어진다(양극형).
- ② 무언가에 너무 심하게 빠진다(의존형).
- ③ 모든 것이 다 허무해진다(공허형).
- ④ 자신감이 사라진다(자기동일형).
- ⑤ 짜증이 멈추지 않는다(폭발형).
- ⑥ 만사가 어떻게 되든 상관없다(자기파괴형).

이제부터 하나씩 설명하겠습니다.

한 번씩 훑어보며 이런 순간이 있었는지 생각해보세요.

제1장 머릿속이 엉망일 때를 인식한다

# 1

# 사람이 금방 싫어진다
## (양극형)

'머릿속이 망가지는 순간' 첫 번째는 타인에 대한 평가와 감정이 극단적으로 치우칠 때입니다.

누가 조금 잘해주면 그 사람이 자꾸 생각나면서 호감을 느낀 적은 없나요?

상대를 향한 감정이 긍정적으로 움직여서 '좋아한다'는 마음이 들면 '나를 더 좋아했으면 좋겠다, 나한테 더 잘해주면 좋겠다'는 생각으로 상대에게 적극적으로 다가가게 됩니다.

하지만 나에게 조금이라도 불쾌한 상황이 생기면 생각이 갑자기 부정적으로 치닫는 거예요.

카톡 답장이 조금만 늦게 와도 '날 무시하다니!'라는 생각이 들며 그 반동으로 집착하게 됩니다.

또 그 사람과 사이가 틀어지면 심하게 비난하고 흉을 봅니다.
'내가 느낀 아픔과 갈등을 고스란히 알려주지 않으면 성이 안 풀려!'
이런 강렬한 충동에 휩싸여 행동하는 거예요.

그 결과 인간관계에서 말썽을 일으키는 문제 인물이라는 꼬리표가 붙기도 합니다.

이런 극단성은 비단 연인 관계에서뿐 아니라 부모와 자식, 상사와 부하, 좋아하는 연예인 등 '나에게 필요한 관계'일수록 강하게 드러납니다.

이런 사고 경향을 '양극형'이라고 해요.

이럴 때는 앞에서 본 '회복탄력성을 키우기 위한 10가지 방법' 중,

- ① 따뜻한 관계를 쌓는다.
- ⑧ 장기적인 관점에서 본다.

이 두 항목이 미흡한 경우가 많습니다.

양극형 사고의 바탕에는 사람에게 상처받거나 버림받는 것을 극도로 두려워하는 '인간 불신'이 있어요.

자기가 상처받거나 괴로운 상황에 휘말리지 않기 위한 방어기제로 '타인을 싫어하는 것'입니다.

방어기제는 과도한 긴장이나 과거의 트라우마로 인해 과민하게 반응합니다.

사람뿐만 아니라 모든 것은 흐르고 움직입니다.

맑은 날이 있으면 비 오는 날도 있어요. 흐리고 비가 내린 후에 날이 개듯 사람에 대한 평가나 감정도 움직입니다. 좋은 일이 있으면 나쁜 일도 있고, 좋거나 싫다는 평가도 모 아니면 도로 가를 수 없어요.

TV에 나오는 유명인이나 아이돌이 사소한 잘못을 저지르거나 문제를 일으켰을 때 '배신당했다'고 느낀 적이 있나요?

그 소식을 들은 순간 그 사람이 나온 작품이나 그 사람이 만든 음악이 불결하게 느껴지고 매력이 사라진 것 같은 느낌이 듭니다.

작품 자체는 달라진 것이 없는데 평가가 바뀌는 거예요.

우리 인간의 '선입견'이 얼마나 강한지 알 수 있는 예입니다.

그러면 '⑧장기적인 관점에서 본다'에 대해 생각해볼까요?

지금 당장은 어렵더라도 **'1년 후에는 다시 좋아하게 될지도 몰라'** 라고 생각해보는 거예요.

1초라도 그런 생각을 해보면 충동적으로 공격할 확률을 줄일 수 있을 것입니다.

제1장 머릿속이 엉망일 때를 인식한다

## 2

# 무언가에 너무 심하게 빠진다
## (의존형)

'머릿속이 엉망인 것 같은 때'의 두 번째 순간은 외로움 같은 감정 때문에 무언가에 의지하고 싶어질 때입니다.

'의존'에는 술이나 약물처럼 쉽게 의존하게 되는 것 말고도 음식이나 사람에 대한 의존도 있습니다.

'타인에게 선택지를 모두 맡기고 자기는 아무런 해결책도 내놓지 않는다.'

'타인에게 의지하지 않으면 불안한 마음이나 초조한 심정을 해소하지 못한다.'

이런 것도 의존이지요.

일반적으로 특정 물질의 사용이나 특정 행위가 신체적 혹은 정신적으로 없어서는 안 되는 상태가 되어 스스로 제어할 수 없는 정도에 이르면 '의존증'이라는 질병으로 진단받습니다.

이 책에서 말하는 머릿속을 엉망으로 만드는 '의존형'은 그런 의존증과는 좀 달라요. 주로 정신적으로 의지할 곳이 없으면 불안해지는 넓은 의미의 '의존 체질 상태'를 가리킵니다.

의존형은 혼자 무언가를 하는 것이 극단적으로 어렵거나 특정 상대와 연락이 닿지 않으면 불안해지는 등, 의지할 대상이 없으면 초조함을 느낍니다.

많은 사람이 이런 의존 체질이 될 뻔한 적이 있을 거예요.

비단 인간관계에서만 일어나는 일은 아닙니다. 자동차, 일, 스마트폰, 돈…. 무언가가 근처에 없어서 불안하고 초조했던 적이 있을 겁니다.

사람에 따라 의존 체질의 정도도 다릅니다.

누구에게나 가벼운 의존은 있어요. 하지만 '이게 없으면 죽을 거야!'라고 느껴질 정도가 되면 문제라고 볼 수 있습니다.

의존 대상과의 관계를 유지하기 위해 분노하거나 울음을 터뜨리고, 극단적인 언동을 보이거나 빚을 져서 생활을 망가뜨리는 수준으로 발전할 위험도 있으니까요.

'의존하는 행위에 의존하기'라는 상태에 빠지는 경우도 적지 않습니다.

무언가에 의존하는 행위를 그만두는 것에 공포를 느끼고, 생활이 파탄 나는데도 지금의 상태를 정당화하거나 책임 전가를 시도하지요.

그 때문에 의존이라는 자신의 문제는 보이지 않게 됩니다.

이런 순간이 찾아오는 원인은 '좁은 시야'에 있어요.

'이게 없으면 나는 살아갈 수 없어.'
'이게 없으면 내 인생은 의미가 없어.'

이렇게 극단적으로 좁아진 가치관이나 선택지를 잃게 되는 것에 대한 공포가 바로 '의존형'에 빠진 심리 상태의 정체입니다. 이럴 때는 다음 두 가지를 처방할 수 있어요.

- ⑤ 스스로 결단을 내린다.
- ⑦ 긍정적인 사고방식의 가치를 인정한다.

부디 시도해보시길 바랍니다.

의존형이 되는 원인에는 **'과거의 구원 체험'**을 들 수 있어요.

학교에서 괴롭힘을 당할 때 도와주는 연인이나 친구가 있다면 정말 고마울 거예요.

마찬가지로 가혹한 업무나 가정에서의 스트레스에서 잠시 풀려날 수 있게 도와주는 술, 담배, 도박 같은 체험은 휴식을 줄 거고요.

이런 것에서 적당한 만족을 얻고 그 원동력으로 '내일도 힘내자!'라고 스스로를 다잡을 수 있다면 아무 문제 없습니다.

하지만 너무 힘든 상황에 내몰린 나머지 달리 도망갈 곳이 없다고 믿게 되면,

'이것만이 힘든 일을 잊게 해줘!'

라는 식으로 생각이 비약해서 의존에 빠지는 계기가 만들어지는 거예요.

인간은 어떤 것 덕분에 스트레스나 고통에서 해방된 경험이 있으면 그것을 과대평가하기 마련입니다.

해결책이 그것 하나밖에 없다고 착각하고, 다른 해결책은 보지 못하게 되는 거예요.

조금 전에 처방한 '⑤스스로 결단을 내린다'와 '⑦긍정적인 사고방식의 가치를 인정한다'를 구체적으로 생각해봅시다.

이를 실천하기 위해서는 '하나에만 의존하지 않기' 혹은 '의존 대상을 늘리기'가 중요해요.

무언가를 결정할 때 타인에게 기대지 말고 혼자서 정해봅시다.

혹시 식당에서 무엇을 먹을지 정할 때마저도 다른 사람의 안색을 살피지 않나요?

그런 버릇을 고쳐가자는 거예요.

또 '이게 없으면 죽을 거야!'라는 상태에서 '사실 저것도 있으니까 괜찮아'라는 상태로 변화하기 위해 **좋아하는 것을 세 가지 정도 갖도록** 합시다.

그런 식으로 강한 의존 상태에서 서서히 빠져나오기를 목표로 삼는 거예요.

제1장 머릿속이 엉망일 때를 인식한다

## ③

# 모든 것이
# 다 허무해진다
# (공허형)

머릿속이 망가지는 세 번째 케이스는 의욕을 잃고 자꾸 멍해지는 것입니다.

주위에서 일어나는 일에 대해 극단적으로 무관심해지고 무신경해지는 경험을 누구나 해보았을 거예요.

정신적으로 너무 상처를 주거나 견디기 힘든 환경에서 생존하기 위해 우리는 '공포나 슬픔 같은 감정을 둔하게' 만듭니다.

인간은 힘든 경험을 했을 때 뇌에서 부정적 감정을 관할하는 '편도체'가 과도하게 활성화되지요.

편도체 과활성화가 계속되면 정신적 피로에 빠지고, 이는 전체 감정을 통제하는 전전두엽에도 악영향을 줍니다. 그러면 자기 감정을 제대로 분출하지 못하고 오히려 억눌러 죽여버리게 돼요.

이러한 '공허형' 심리 상태의 경우 다른 사람은 알아차리기 어려울뿐더러 자기 자신도 눈치채지 못하는 것이 특징이지요.

그냥 봐서는 감정을 별로 표출하지 않는 사람이라고 여겨질 뿐이에요.

하지만 실제로는 '살아 있어도 소용없어', '나에게는 살아 있을 가치가 없어'라는 생각을 안고 괴로워하고 있을지도 몰라요.

심각한 경우 주위의 평가나 사회 규범에도 무감각해지고 맙니다.

누가 친절하게 대해주어도 반응이 나오지 않고, 옷이나 외모에도 신경 쓸 수 없게 돼요. '타인에게 기대를 건다'는 행위가 완전히 불가능해지는 거예요.

'어차피 버림받을 거니까'라는 생각으로, 자기를 지키기 위해 우선 포기부터 합니다.

그러면 다른 사람과 관계를 쌓을 수가 없어지지요.

이럴 때 중요한 것은 다음 두 가지에 주의를 기울이는 거예요.

- ① 따뜻한 관계를 쌓는다.
- ② 희망을 놓지 않는다.

과거에 친했던 사람이 떠나갔거나 타인에게 배신감을 느끼는 '상실'을 체험한 적이 있나요?

이를 극복하기 위해서는 사람을 만나고 환경을 바꾸어서 뇌에 자극을 주어야 해요.

같은 직장, 같은 환경에서 계속 일하면 에너지가 완전히 소진되어서 의욕과 의지를 잃어버리기도 합니다.

사람은 같은 환경에서 같은 사람만 만나는 생활을 계속하면 뇌가 조금씩 스트레스를 느끼게 되어 있거든요.

'아무 일도 없는 것이 스트레스'라는 생각이 싹트며 마음이 침울해지는 거예요.

마음이 침울해지면 뇌는 새로운 자극을 얻기 위해 현재의 사소한 불만을 큰 문제로 인식합니다.

'나는 너무 불행해!'

같은 비관적 사고가 생겨나지요.

설령 아무 문제 없어 보이는 사람이라도, 문제가 없기 때문에 자극을 얻지 못하고 우울증처럼 소진된 상태에 빠지는 거예요.

그러므로 뇌에 새로운 자극을 넣어줄 필요가 있습니다.


〈예스맨〉이라는 짐 캐리 주연의 코미디 영화가 있습니다.

'NO'를 입에 달고 살면서 매사를 부정적으로 생각하는 주인공이 인생을 바꾸기 위해 무슨 일에도 'YES'라고 대답하기로 하면서 조금씩 유의미한 나날을 보내게 되며 삶이 변한다는 이야기예요.

원래 주인공은 비관적인 사고방식을 가진 평범한 남성이었지만, 의도적으로 낙관적인 선택지를 고르면서 새로운 희망을 만들어낼 힘을 손에 넣습니다.

현실에서도 마찬가지입니다.

일부러 반대로 행동하면서 뇌에 정기적으로 자극을 주면 사고방식을 근본적으로 바꿀 수 있습니다.

조금 전에 말씀드린 '⑨희망을 놓지 않는다'를 시작하기 위해서도 첫걸음이 중요합니다.

타인의 초대를 받으면, 귀찮은 마음이 들더라도 "갈 수 있으면 갈게"라며 조금이라도 긍정적인 말로 대답해보는 거예요.

되도록 새로운 사람을 만날 기회를 늘려보세요.

그 한순간의 판단이 인생에 큰 변화를 불러올 거예요. 그 가능성을 '귀찮다'는 감정 하나로 날리지 않는 것이 중요합니다.

# ④ 자신감이 사라진다
## (자기동일형)

네 번째는 '나는 이런 사람'이라는 자기동일성(identity)을 잃어버리는 순간 나타나는 심리 상태입니다.

조금 전의 '공허형'보다 고차원적인 고민일 수 있어요. 자기동일성이라는 것은 자기를 어떻게 나타낼 것인가에 대한 인식을 뜻합니다.

'나는 한국인이야.'

'이 가족 안에서 나는 엄마야.'

'내가 태어난 곳은 서울이지.'

이처럼 자기동일성은 나의 '정체성', 또는 나다움을 나타내기 위한 '존재 증명'이라고도 할 수 있지요.

앞서 말했듯 카테고리화는 명함 교환처럼 인간관계를 원활하게 만드는 효과가 있어요. 나나 타인을 알기 쉽게 만들어주는 자기동일성이라면 어느 정도 간단히 찾을 수 있을 겁니다.

하지만 **'나는 누구일까?'** 라는 문제로 고민하는 사람도 많아요.

개성이나 고유성으로 나타낼 수 있는 '나다움'이라는 자기동일성을 증명하기는 매우 어렵습니다. 특히 인생 경험이 아직 많지 않은 젊은 분들은 더욱 발견하기 힘들 거예요.

'내 취미는 뭘까?'

'나는 도전적인 사람일까, 아니면 신중한 사람일까…'

'나는 무슨 일을 하고 싶은 걸까?'

이처럼 자기동일성이 잘 보이지 않아 헤맵니다.

자기동일성이 흔들리면 사람은 마음이 불안정해지지요.

일만 해왔던 사람이 나이를 먹고 은퇴한 순간부터는 술에 빠지면서 비관적인 말만 하게 되기도 해요.

자기동일성이라는 것은 사람의 중심축이자 그 사람을 지탱하는 기둥이에요.

그런 만큼 자기동일성이 없으면 머릿속이 엉망이 되며 마음이 불안정해지기 쉽습니다.

이런 '자기동일형' 심리 상태일 때는 다음 두 가지가 중요합니다.

- ③ 바꿀 수 있는 것과 바꿀 수 없는 것이 있음을 받아들인다.
- ⑦ 긍정적인 사고방식의 가치를 인정한다.

누구에게나 자기동일성 때문에 고민하는 시기가 찾아옵니다.

그 시기를 '유예기간'이라고 표현합니다.

우리가 안정적으로 살아가기 위해서는 유예기간을 잘 통과하며 자기동일성을 '깨달을' 필요가 있습니다.

다른 사람이 보기에는 '굉장히 밝고 사교적인 인간'이라 해도, 스스로 그것을 '깨달은' 상태가 아니라면 그 사람의 자기동일성이라고 할 수 없어요.

자기에 대한 평가가 너무 낮거나 자신감이 없어서 자기동일성을 받아들이지 못하는 경우도 있습니다.

다만 단점이나 결점은 어떻게 보느냐에 따라 장점이나 개성이 될 수도 있어요.

고집이 세고 다른 사람의 이야기를 잘 안 듣는 사람은 다른 관점에서 보면 '자립심이 강하다'고 할 수도 있지요.

비관적이고 우유부단한 사람은 달리 보면 '신중하고 계획적이다'라고 생각할 수 있어요.

나의 자기동일성을 논리적으로 판단하고, 그것을 잘 활용해서 '자신감'을 만들어내는 긍정적인 피드백을 지속하는 것이 중요해요.


젊은 시절에는 매우 불안정해서 '나 같은 건 아무 가치도 없는 인간이야. 살아도 무의미하니까 죽고 싶어…'라고 생각했던 사람이, 흘러가는 대로 살다가 결혼하고 아이를 낳자마자 '이 아이를 위해 절대로 죽을 수 없어'라며 마음을 다잡고 안정을 찾기도 합니다.

부모가 되며 내면에 '자식'이라는 강렬한 중심축이 생겼기 때문이에요.

다만 이 정도로 강렬한 자기동일성이 뿌리내린 경우, 아이가 성장해서 자립했을 때 불안감이 엄습할 수도 있습니다.

자식이 자기동일성의 전부니까 자식을 독립시키게 되면 다시 큰 불안감이 밀려오는 거예요.

그래서 '③바꿀 수 있는 것과 바꿀 수 없는 것이 있음을 받아들인다'가 필요합니다.

우선 '나의 자기동일성은 ○○'라고 정해보세요.

가능하면 진취적인 말을 고르세요.

어렵다면 '면접'을 떠올리는 것도 좋은 방법이에요.

면접에서는 뭐든 '나의 매력'으로 만들어서 대답해야 하지요.

'자기중심적인 성격'은 '스스로 결정하는 성격'이 되고요. '산만하다'는 '주위 환경에 민감하다'로 바꿀 수 있을 거예요.

이처럼 어떤 것이든 긍정적인 방향으로 고쳐 말할 수 있습니다.

즉석에서 그런 판단을 내리는 연습을 하면서 바꿀 수 없는 부분은 받아들이고 나를 긍정적으로 인정할 수 있게 됩니다.

제1장 머릿속이 엉망일 때를 인식한다

# 5

# 짜증이 멈추지 않는다
## (폭발형)

다섯 번째는 짜증을 자제할 수 없고 마음에 여유가 사라진 심리 상태입니다.

분노가 폭발하는 순간에는 아무것도 느껴지지 않아요. 그저 감정을 계속 쏟아낼 뿐이지요.

하지만 분노를 퍼부을 대상이 없어지거나 시간이 지나서 감정이 가라앉으면 서서히 분노가 잦아들고 큰 피로감과 우울함이 밀려옵니다.

"아아, 왜 그렇게 짜증을 냈지…."

이처럼 감정의 폭발을 조절할 수 없다면 회사나 학교에 적응할 수 없을 거예요. 고립되거나 적을 만들게 되기 때문에 사회생활을 지속하기 어려워집니다.

감정의 방향이 '분노'뿐만 아니라 '슬픔'으로 나타날 때도 있습니다.

자기 감정을 제어하지 못하고 남 앞에서 울어버려서 주위를 당황하게 하거나 신경 쓰게 만들어요. 나중에는 부끄러움 때문에 일하러 가지 못하기도 하지요.

이런 심리 상태를 '폭발형'이라고 부릅시다.

자기 감정을 제어하지 못해 나중에 후회하거나 나쁜 기억이 생기는 일은 누구든 피하고 싶을 거예요.

이런 타입이라면 다음 두 항목이 부족한 경우가 많습니다.

- ① 따뜻한 관계를 쌓는다.
- ③ 바꿀 수 있는 것과 바꿀 수 없는 것이 있음을 받아들인다.

감정으로 드러나는 분노와 슬픔은 원래 **'자기를 지키기 위한 방어기제'**라는 역할을 맡고 있습니다.

방어기제란 마음의 안정을 꾀하기 위해 불쾌한 경험을 약화시키거나 회피하려는 심리적 반응을 말합니다.

사람이라면 누구나 이런 방어기제가 있습니다.

누구든 두렵거나 불안을 느낄 때는 긴장하지요.

불안감이 커지고 공포를 느낄수록 방어기제는 강하게 작용합니다. 위험을 알려주는 경고음처럼, 원래라면 우리를 지켜주는 역할을 하는 거예요.

방어기제 자체는 마음의 평온을 유지하기 위한 중요한 기능을 담당하고 있는데, 머릿속이 엉망이라 방어기제가 제대로 작동하지 않으면 긴장의 끈이 풀어지지 않아 경고음이 계속 울리는 상태가 됩니다.

그 탓에 자기방어를 하려고 곧바로 화를 내거나 울게 되지요.

이런 상태라면 일상생활을 영위하기 어려워지고 주변으로부터 소외당하게 될 거예요.

분노와 같은 감정을 품었을 때는 그 사실을 나중에 이야기할 수 있는 사람이 있어야 합니다.

이것은 앞서 말한 '①따뜻한 관계를 쌓는다'와 이어집니다.

그 자리에서 화를 발산하는 게 아니라 나중에 가라앉히는 것.

그러기 위해 친구와 '이야기 상대'라는 관계성을 쌓아둡시다.

문제가 있을 때 친구와 이야기할 수 있으려면, 내가 건강할 때 그 친구의 화에 관해서도 들어줘야겠지요.


냉정할 때는 언제나 '이성적인 나'를 유지할 수 있어요.

그럴 때 다른 사람의 고민을 듣거나 상담을 해주면 '어쩔 수 없구나'라며 '세상에는 바꿀 수 없는 것이 있다'는 사실도 쉽게 깨달을 수 있습니다.

이런 훈련을 하면 분노의 감정이 끓어올랐을 때도 '바꿀 수 없는 것'을 받아들이기 쉬워질 거예요.

제1장  머릿속이 엉망일 때를 인식한다

# 6

# 만사가
# 어떻게 되든
# 상관없다
## (자기파괴형)

마지막으로 이야기할 머릿속이 망가진 듯한 심리 상태는 '자신을 상처 입히는 행위를 멈출 수 없을 때'입니다.

자해라는 말에 손목 긋기 같은 것을 떠올릴지도 모르지만, 꼭 그런 것만이 자해는 아니에요.

과도한 음주나 흡연, 극단적인 절식이나 폭식도 자해입니다. 업무 프로젝트를 자기 손으로 망치거나 나를 상처 입힐 것 같은 사람과 교제하는 것, 사이 좋은 친구나 가족과의 인간관계를 망치는 것….

자기에게 고통을 준다는 것을 알면서도 저지르는 이 모든 행위가 **'자기파괴형'** 심리 상태의 표출입니다. 넓은 의미의 '자기파괴욕'이 과잉된 순간이에요.

사실 가벼운 자기파괴욕은 사람이라면 누구에게나 있습니다.

예를 들어 살이 찐다는 것을 알면서도 단 음식을 먹을 때가 있지요.

아니면 시간 낭비라는 것을 알면서도 스마트폰 게임에 돈을 쓰기도 하고요.

이처럼 **나에게 불이익을 준다는 것을 알면서도 그만둘 수 없는 욕망**의 뒷면에는 가벼운 자기파괴욕이 있는 거예요.

물론 자기파괴욕에는 개인차가 있습니다.

사회 규범을 넘지 않는 선이라면 괜찮겠지만, 자신이나 타인에게 피해가 갈 정도로 영향을 미치는 중이라면 고칠 필요가 있겠지요.

그때 절대로 쓰면 안 되는 말이 "두 번 다시 안 할 거야", "이제 안 한다고 약속해" 같은 냉정한 말입니다.

자기파괴적인 행동을 당장 그만둘 수 있다면 아무도 고생하지 않을 거예요.

하지만 대부분은 다시 반복합니다.

아무리 마음을 다잡고 '다신 하지 말자'고 다짐해도 멈출 수 없어요.

이것을 반복하는 사이 '약속을 못 지키다니 나는 너무 무능해'라는 자책감이 생기고 맙니다.

이럴 때 필요한 것은 감정적 자책이 아니라 '왜 나는 나를 해치는 행위를 하는가?'라는 이성적인 사고이지요.

인간도 생물입니다. 자기 자신을 상처 입히고 싶지 않고, 죽고 싶지도 않아요.

그런데도 자기파괴를 반복하는 것은 그렇게 함으로써 얻는 '생물학적 이익'이 있기 때문입니다.

자기파괴는 자기 이해를 위한 과정, 즉 '나를 초기화하는 스위치'이기도 해요.

 술을 마시거나 시간과 돈을 낭비하는 등의 가벼운 자기파괴는 누구나 저지르지요.

 그런 식으로 하루의 피로와 찌꺼기를 정화하는 거예요.

 운동해서 땀을 흘리는 것과 마찬가지로 뇌에 비일상적인 자극을 주어서 나를 껐다가 켜기 위한 스위치를 누르는 겁니다.

 그런 순간에 필요한 것이 바로 이 항목이에요.


- ⑩ 자기를 돌본다.


 자기파괴형이 되는 순간에 대해 **'기분을 전환하는 법이 다른 사람들과 조금 다르다'**라고 깨닫는 것부터 시작합시다.

 다만 '자기를 만족시키기'는 간단한 것 같으면서도 어렵습니다.

 사람은 강한 자극에 익숙해지면 약한 자극은 마음에 안 들게 되기 마련이니까요.

 강한 스트레스를 받는 삶을 사는 것은 늘 뇌에 강한 자극이 주어지는 상태가 지속되는 것과 같습니다. 그러면 현실감이나 내가 나라는 감각은 옅어지게 되어 있어요.

그런 스트레스에서 벗어나려고 **'기분 전환을 위한 자기파괴'**를 행하는 상태에 이르는 겁니다.

우선은 자기파괴 자체가 나쁜 게 아니라 **'방법이 약간 문제일 뿐'**이라고 가볍게 인식합시다.

예를 들어 다이어트는 내 욕구와의 싸움입니다. 의지만 강하다고 곧바로 성공하는 건 아니에요.

동료나 친구와 함께 스트레스를 다른 방법으로 발산할 필요가 있습니다.

나를 껐다 켜기 위한 스위치를 식사가 아닌 다른 것으로 하나둘씩 늘려갑니다.

'이 방법 말고 없어!'라며 좁은 시야를 갖지 말고, 주변에서 얻은 스트레스 해소법을 가벼운 마음으로 시도해보는 것이 중요합니다.

\*

지금까지 '머릿속이 망가져 있는 심리 상태'의 6가지 타입에 대해 말씀드렸습니다.

**'머릿속이 엉망진창이야!'**

이런 상태에 빠진 '감정적인 나'의 특징을 파악하셨나요?

'이성적인 나'가 '감정적인 나'에 대처하는 모습을 상상할 수 있나요?

'감정적인 나'를 다스리기 위한 '깨달음'의 방법을 제1장 마지막에 소개하겠습니다.

'이성적인 나'와
'감정적인 나'를
분리하는
단 하나의 방법

앞서 말씀드린 '머릿속이 망가진 유형' 6가지를 다시 떠올려봅시다. 이들은 모두 다음과 같은 공통점이 있습니다.

- 사람에 대한 불신이 있다.
- 과거에 구원을 받은 경험이 있다.
- 배신 같은 상실의 체험이 있다.
- 나를 지키기 위한 방어기제가 과잉 반응한다.
- '나를 껐다 켜기 위한 스위치'가 오작동한다.

즉 모두 **'과거에서 기인한 트라우마에 제대로 대처하지 못하는 상태'**라는 것입니다.

눈앞에서 일어난 것 그 자체가 아니라 아주 오래전부터 몸에 스며든 사고방식 때문에 지금의 문제가 발생한 거예요.

눈앞의 문제에 정신이 팔려서 내가 가진 문제의 근본적인 원인에 대해 '깨달음'을 얻지 못하는 거지요.

한 번쯤은 나의 사고방식이나 해석의 틀 밖에서 **'왜 나는 그렇게 생각하게 되었는가?'**를 객관적으로 볼 필요가 있습니다.

그러한 연습을 반복하면 감정적일 때도 **'지금 이 말을 하면 관계가 틀어질 거야'** 하고 이성적인 내가 제동을 걸 수 있습니다.

다음에 비슷한 상황에 직면했을 때는 어떻게 해야 좋은가라는 관점에서 문제를 볼 수 있게 되지요.

이러한 일련의 과정이 바로 '수용'으로 가는 길입니다. 이를 통해 머릿속이 망가지는 순간을 극복할 수 있어요.

여기서 질문입니다.

여러분은 이 실험 이야기를 들어본 적이 있나요?

침팬지는 감옥에 있습니다. 감옥 밖에는 바나나가 있는데, 철창에서 손이 닿는 범위에는 짧은 막대기를, 손이 닿지 않는 곳에는 긴 막대기를 두었습니다. 이런 상황에서 침팬지가 어떻게 바나나를 손에 넣을지 관찰하는 거지요.

실험 후 '우선 짧은 막대기를 손에 집어서 긴 막대기를 끌고 온 다음 그것으로 바나나를 잡는다'는 결과가 나왔습니다.

유명한 심리학 실험이지만, 그 본질은 그다지 알려져 있지 않습니다.

이 실험은 침팬지가 바나나를 집을 지능을 가졌는지 확인하려는 것만은 아닙니다.

사실은 '깨달음'에 관해 알기 위한 실험이지요.

실험 초반에 침팬지는 실패를 거듭합니다. 성공할 때까지 실패를 반복하며 학습한 결과 바나나를 잡을 수 있게 된 것으로 보입니다.

실제로 몇 마리의 침팬지는 짧은 막대기를 써서 닿지 않는 장소의 바나나를 잡으려고 하다가 실패하고 감옥에서 난동을 부리는 등 거칠게 행동했습니다.

그런데 마지막에 바나나를 집는 것은 실패를 거듭하던 침팬지가 아니라 '옆에서 그것을 보고 있던 침팬지'였습니다.

다른 침팬지가 계속 실패하는 사이 주위를 둘러보다가 갑자기 짧은

막대기를 써서 감옥 밖에 있는 긴 막대기를 끌어오고, 그런 다음 긴 막대기를 써서 목표물인 바나나를 손에 넣는 데 성공한 거예요.

침팬지와 마찬가지로 우리는 눈앞의 문제에 사로잡히면 주위에 무엇이 있는지, 다른 해결법은 무엇인지 알아차리기 어렵게 됩니다.

그런 때 한 걸음 물러나서 자기 모습을 보면 정보가 늘어나고, 문제를 해결하는 데 필요한 절차를 '깨달을' 수 있어요.

눈앞에서 일어나고 있는 괴로운 일을 당장에 해결하려 하지 말고, 일단 멈춰 서서 생각해보는 과정이 필요합니다.

## '쓰기'라는 비결

어떻게 해야 '감정적인 나'를 '이성적인 나'가 길들일 수 있을까요?

나에 대해 쓰면 됩니다.

바로 **'일기 쓰기'**이지요.

이때는 주의가 필요합니다.

쓰면 쓸수록 '이성적으로 되는 쓰기'와 '감정적으로 되는 쓰기'가 따로 있기 때문이에요.

그날 하루 일어난 일을 쓸 때 오로지 감정에 맡겨서 써버리면 이렇게 될 거예요.

"그 자식이 짜증 난다. 최악이다. 사라졌으면 좋겠다."

이래서는 역효과만 날 겁니다.

자, 그러면 어떻게 해야 '이성적인 나'로서 쓸 수 있을까요?

일인칭 대신 삼인칭을 사용해 과거형으로 쓰기만 하면 됩니다.

'나는'이나 '내가' 대신 '여러분의 이름'으로 문장을 쓰세요.

예컨대 '나는 화가 난다'가 아니라 '○○(자기 이름)은 화를 냈다'로 써보는 겁니다.

이렇게만 해도 '감정적인 나'에서 한 걸음 물러선 시선을 획득할 수 있습니다.

답답함이 사라지지 않거나 짜증이 가라앉지 않을 때는 이렇게 '삼인칭 과거형으로 쓰기'를 시도해보세요.

그러면 요즘 말하는 '메타인지'를 단련할 수 있습니다.

메타인지란 신이 된 심정으로 자기를 내려다보는 것, 혹은 게임 속 캐릭터를 조종하듯 나를 둘러싼 해석을 아주 살짝 비껴서 새로운 틀을 만드는 것입니다.

그러면 40쪽에서 말한 방송 패널 같은 시점을 획득할 수 있어요.

이렇게 '감정적인 나'와 '이성적인 나'를 완전히 분리할 수 있습니다.

자, 이제까지 말한 내용을 정리하겠습니다.

머릿속이 망가진 심리 상태는 사실 '누구나 한 번쯤은 경험하는 것'이며, 그저 눈앞이 잠깐 흐려진 것임을 아셨을 거예요.

우선은 '머릿속이 망가졌어!'라는 깨달음을 얻고, 6가지의 문제적 심리 상태를 떠올리며 자신을 객관적으로 바라봅시다.

그런 후 회복탄력성이라는 능력을 높이는 방법 10가지 중 몇 개를 골라서 시도해보는 거예요.

이때 이성적인 자세를 가지려면 '쓰기'라는 행위가 효과적입니다.

'삼인칭 과거형으로 쓰기'라는 방법을 통해 '감정적인 나'에게서 한 걸음 물러난 시점을 손에 넣어보세요.

다음 장에서는 '이성적인 나'를 더욱 키우는 방법을 소개하겠습니다.

# 제 2 장

# '이성적인 나'를 키우는 방법

어떻게 해야
'감정적인 나'를
잘 다룰 수 있을까?

나를 제대로 파악할 수 없어서 삶에 피로함을 느낄 때, 머릿속이 망가진 듯한 기분이 듭니다.

그런 상태에서 벗어나기 위해서는 '깨달음'을 늘리고, 나를 '수용'하는 과정에 들어서야 하지요.

지금부터 '머릿속이 엉망진창이야!'라고 깨달은 후 어떻게 행동해야 할지 알려드릴게요.

지금까지 말했듯 '이성적인 나'가 '감정적인 나'를 잘 다룰 수 있게 되면 **'각성'과 '통찰'** 상태에 이릅니다.

하지만 누구나 살면서
**'이론적으로는 알겠는데 따라가지 못하겠어!'**
라는 딜레마를 느껴봤을 거예요.

예를 들어 친구에게 '돈이 궁하다'는 고민을 털어놓았다고 칩시다.
친구는 이렇게 말하겠지요.
"돈을 함부로 쓰는 버릇이 있으니까 지출을 조금 줄이는 게 좋겠네."
막상 이런 조언을 들으면 '그렇게 쉽게 말하지 말라고!'라며 반발하는 마음이 생길 거예요.

  물론 자기 행동을 잘 살펴보면 좀 비싼 샴푸를 썼다거나, 비싼 핸드폰 요금제를 쓰고 있거나, 외식이 잦았거나, 좋아하는 게임이나 아이돌에 쓴 돈이 많았거나… 의외로 짐작 가는 항목이 있을 겁니다.
  하지만 모두 나에게 중요한 것들이에요. 이것을 끊는다면 내겐 살아갈 의미가 없어요.

  이렇듯 머리로는 친구의 대답이 논리적으로 맞는다고 생각하지만, 감정이 **'알긴 알지만 하기 싫어'**라고 거부하니까 조언을 따를 수 없는 겁니다.

  '이렇게 하면 좀 더 편하게 살 수 있을 텐데'라는 선택지가 삶 속에 왕왕 등장합니다.
  감정에 휩쓸려서 스스로 선택지를 잘라버리고 답답한 기분이 들 때, 우리는 부조리함을 느낍니다.

보통 삶에 피로함을 느낄 때는 '이성적인 나'와 '감정적인 나' 사이에 일종의 골이 생겨 있습니다. 어쩐지 답답한 기분을 느끼며 사는 거예요.

"사람들을 대하는 게 '무서우니까' 서비스업은 못 해."
"저 사람이 '싫으니까' 하고 싶지 않아."
"나쁜 습관이지만 '좋아하니까' 그만두고 싶지 않아."

이러한 골을 메우면서 '이성적인 나'가 '감정적인 나'를 설득하고 깊이 이해하여 좀 더 편하게 살아갈 수 있도록 해야 해요.
그 방법을 소개하겠습니다.

제2장 '이성적인 나'를 키우는 방법

# '이성적인 나'에게 '자신감'을 더하자

'이성적인 나'가 '감정적인 나'를 잘 다스리려면 필요한 것이 있습니다.

바로 '자신감'이에요.

자신감을 갖고 살아가는 사람은 세상에 별로 많지 않은 것 같습니다.

'좀 더 예쁘게 태어났다면…'

'좀 더 돈이 많았다면…'

'평범하게 태어났다면…'

머리로는 이제 와서 나를 바꿀 수 없다는 것을 알고 있으면서도, 마음으로는 '바꿀 수 없는 내가 싫다!'며 자신을 미워하고 있어요.

이성과 감정 사이의 골이 깊은 사람일수록 '왜인지 모르게 불안하다'는 감각을 늘 느끼게 됩니다.

이 딜레마를 해결해서 자신을 받아들여봅시다.


미국 정신의학에서는 무언가를 받아들이고 이해하기 위해서는 '인지', '감정', '행동'의 삼각형이 중요하다고 설명합니다.

우리는 선입견이 머릿속에 멋대로 만들어내는 '싫어', '못 해' 같은 감정 때문에 기회를 놓치고 잘못된 선택을 합니다.

'인지', '감정', '행동'의 삼각형은 이런 생각 습관을 정리하고, 합리적이고 편안하게 살기 위한 방법이지요.

예를 들어 회사의 큰 프로젝트에 도전하고 싶다는 생각이 들었어요.

하지만 '실패하면 주위에 피해만 줄지 몰라', '지난번처럼 실수할지도 몰라'라며 실패를 전제로 한 선입관이 생겨나면 주저하게 될 거예요.

우물쭈물하는 사이 다른 동기에게 기회를 빼앗기고 '난 역시 안 돼'라며 다시 자신감을 잃습니다.

이런 부정적 굴레에서 빠져나오지 못하는 사람도 있을 거예요.

이때 '자신감이 없는 나는 진짜 쓸모없어'라며 자책하면 '머릿속이 망가진 상태'로 머물게 됩니다.

시야가 좁아져서 문제의 본질이 잘 보이지 않는 거예요.

왜냐하면 이번 실패의 진짜 원인은 '자신감이 없는 나'가 아니라, 멋대로 실패할 거라고 믿게 만든 선입관이니까요.

## '자신감의 풍선'을 터뜨리지 않으려면

자신감은 성공을 반복해서 체험하면 누구나 손에 얻을 수 있습니다.

자신감은 고정된 개념이 아니에요. 그 자리의 흐름이나 분위기에 좌우되기도 쉽지요.

혼자 있을 때는 자신감이 없어도, 친구가 격려해주거나 어제 본 영화속 주인공과 자신을 겹쳐 보는 등 작은 계기가 있으면 자신감이 커지기도 해요. 반대로 작아지기도 하고요.

결국 우리가 자주 말하는 '기세'가 바로 **'자신감'**이라고도 할 수 있는 거예요.

혼자서는 장난도 못 치는 꼬마가 친구들과 함께라면 갑자기 큰 사건을 일으키듯, 집단심리와 다양한 외적 요인이 자신감을 풍선처럼 부풀리기도 하고, 작게 만들기도 합니다.

그에 비해 선입관이라는 녀석은 눈에 띄지 않는 주제에 기껏 키워놓

은 자신감 풍선을 단숨에 오므라들게 만드는 '바늘' 같은 날카로움을 가지고 있어요.

열심히 자신감을 키우려고 하는데 **'하지만 어차피 실패할 텐데'**, **'안 쪽팔려?'**라며 구멍을 뚫어서 순식간에 오므라들게 만들지요.

이런 악순환이 벌어지고 있는데 문제의 본질을 보지 못하고 구멍 뚫린 풍선만 다시 불어본들 자신감은 좀처럼 다시 커지지 않습니다.

이 바늘을 없애버리면 어떻게 될까요?

처음에는 잘 부풀지 않겠지만, 시간을 들여서 구멍을 막고 천천히 풍선을 불면 자신감은 점점 커질 거예요.

과거의 실패, 잘못된 믿음, 이상한 집착처럼 인생을 불리하게 만드는 바늘을 버리고 말끔하게 각성한 상태에 이르는 것을 **'완전한 확신'**이라고 합니다.

**이 책에서 말하는 '각성'의 정체가 바로 이것이에요.**

'각성'을 경험하면 사람은 깊은 이해와 실감을 느끼게 됩니다.

요즘 말하는 소위 '느낌적인 느낌'과도 가까울 것 같네요.

다시 '돈이 궁한 사람'의 예로 돌아가서 생각해봅시다.

- 단계 1 '인지': 쓸데없는 쇼핑이 많다는 것을 깨닫는다.
- 단계 2 '감정': 절약해서 생기는 감정을 정리한다.
- 단계 3 '행동': 실천할 수 있는 절약법부터 시작한다.
- 단계 4 '되풀이': 실패해도 다시 한다.

문장으로 만들면 이렇게 간단히 정리될 정도로 쉬운 과정입니다.

자, 지금부터 '각성'을 위한 연습을 시작하겠습니다.

이 연습은 진입 장벽이 아주 낮아요. 왜냐하면 **'실패'가 없거든요.**

이 연습은 '실패가 보물'이라는 생각으로 구상했습니다.

'실패하면 할수록 효과가 좋아진다'는 발상에서 만든 연습이니까 잘할 수 없는 것이 오히려 성장의 증거가 됩니다.

실패를 두려워한 나머지 한 걸음도 나갈 수 없는 사람을 향해 실패하지 말라고 압력을 준들 아무것도 생겨나지 않아요.

'뭐야, 별거 아니네'라고 생각할지도 모르지만, 해보면 점점 더 효과를 실감할 거예요.

제2장 '이성적인 나'를 키우는 방법

단계 1

## '안대'를 벗는다

'각성'을 위한 첫걸음을 설명하겠습니다.

이때의 목적은 '애초에 왜 사는 게 피곤할까?'를 되돌아보는 것입니다.

가벼운 스트레칭을 하는 느낌으로 해봅시다.

우선 지금 여러분은 **'안대를 쓴 상태'**라는 것을 자각하세요.

그 상태로 전력 질주하면 어디 부딪쳐서 다칠 거예요.

안대를 벗고 주위를 둘러보며 위험한 것은 없는지, 어디로 가야 좋은지 파악해야 합니다.

101쪽에서 메타인지를 얻는 법을 말씀드렸어요.

'자신을 제3자로 두고 과거형으로 쓰기'라는 방법이었지요.

그다음으로 '자유롭게 생각하기'라는 방법을 소개하겠습니다.

## 한 줄 '망상' 쓰기

어릴 때는 누구나 자신의 꿈과 미래에 대해 '망상'을 합니다.

날개가 돋아서 하늘을 날 수 있으면 좋겠다, 유튜버가 되고 싶다….

하지만 어린 시절에는 곧잘 공상에 빠지던 사람도 **어른이 되면서 상**

상의 폭이 좁아지게 되었을 거예요.

　인간은 스트레스를 많이 받는 환경에 익숙해지고 일상생활에서 속박을 당하면 현실을 과도하게 인식하게 됩니다. 자유롭게 생각에 빠지는 시간도 줄어들지요.

　한편 아이들은 흉내 내기 놀이나 소꿉놀이를 즐겨 합니다.

　그때 아이들의 머릿속에서는 '망상'의 힘이 뇌에 폭발적인 변화를 일으키고 있어요.

　아이들은 미래의 자기 모습이나 이야기 속 주인공의 활약을 '망상'으로 채워 넣으며 눈에 보이지 않는 창조력을 키우고 있는 거예요.

　어른이 아이들처럼 장난감을 가지고 놀 수 없는 것은 '망상'하는 힘이 아이들과 비교해 부족하기 때문이지요.

　자유롭게 생각하는 시간은 사실 어른에게도 중요해요.

　뇌가 어떤 일에도 집중하지 않는 '망상 모드'에 들어갔을 때, 사람은 뇌 속에서 생각 습관을 수정하거나 '나는 이런 사람이구나' 하는 메타적인 시각을 여유롭게 정비할 수 있는 거예요.

　아무것도 생각하지 않고 망상이나 공상을 즐기는 시간을 요즘에는 '디폴트 모드 네트워크'라고도 합니다.

단계 1에서는 '되고 싶은 나', '하고 싶은 일'을 일단 마음껏 상상합니다.

되고 싶은 나의 모습이 명확해지도록 '이렇게 되고 싶다'는 내용을 한 줄 씁니다.

구체적인 목표나 엄청난 의미는 필요 없어요. 되고 싶은 것을 편안하게 한마디 말로 표현해보세요.

좀 더 사교적이었으면 좋겠다, 직업을 바꾸고 싶다, 애인이 있었으면 좋겠다….

어떤 내용이든 괜찮습니다. 두루뭉술하더라도 '이렇게 되고 싶다'는 것을 하나 찾으면 이 단계는 성공이라 할 수 있어요.

이것만 하면 각성을 위한 단계 1은 완성입니다. 수고 많으셨어요.

'이걸로 끝이야?'라는 생각이 들 수도 있지만, 이 첫걸음이 무엇보다 중요합니다.

## 남이 지적해서 알아차리는 것

목적이 명확하지 않은 채 방황하면 생각이 길을 잃습니다.

그런 가운데 '이렇게 되고 싶다'는 코스를 만들면 일단 목적지는 찾았다고 할 수 있어요.

'거기로 가면 되는구나'라는 골라인을 명확하게 인식한 것은 큰 수확이에요.

여력이 있는 사람은 상상을 더 진전시켜서 '어떻게 하면 되고 싶은 내가 될 수 있을까?'까지 생각해봅시다.

그때 **'나는 왜 이렇게 상상력이 부족하지?'** 하고 자기를 비하하게 되나요? 그렇다면 자기를 쉽게 부정하는 습관이 있는 거예요.

이렇게 남에게 지적받았을 때 비로소 알아차리게 되는 것이 생각 습관의 정체입니다.

이때 괜히 정곡을 찔린 것 같아 울컥 화가 날 수도 있습니다. 일단 '생각 습관이라는 것도 있구나' 정도로만 파악해두세요.

'되고 싶은 나'가 명확한데 머릿속에서 부정적인 말이 멋대로 떠오른다면 그 말을 의식적으로 찾아두는 거예요.

'될 리가 있나.'

'나이를 생각하면 무리야.'

'가족이 있어서 안 돼.'

이렇게 꼬리에 꼬리를 물고 떠오르는 부정적인 생각이야말로 다음 단계로 나아가는 힌트랍니다.

단계 2

# '범인 찾기'를 한다

다음 단계는 '감정'과 관련되어 있습니다.

지난 항목에서 생각 습관을 지적받고 "멋대로 정하지 마!"라며 울컥한 사람일수록 이 항목에서 큰 수확을 얻을 수 있을 거예요.

왜냐하면 **'인생을 피곤하게' 만드는 진범**을 찾을 수 있을 테니까요.

단계 2에서는 **우리 인생을 피곤하게 만드는 범인을 찾습니다.**

말하자면 '관찰'이에요.

지난 항목에서 상상력을 발휘해 '되고 싶은 나의 모습'을 상상했을 때, 아마도 어떤 변화가 찾아와서 '감정적인 나'가 슬픔이나 북받침을 느꼈을 거예요.

어쩌면 울렁거림이 올라와서 이 책을 그만 읽고 싶다고 느낀 분도 있을지 모릅니다.

그런 기분이야말로 감정이 불러오는 성가신 범인입니다.

'감정'은 논리가 통하지 않는 직감적인 상황에서 나를 움직이게 하기 위한 '긴급 장치'로 기능합니다.

'좋아해', '무서워' 같은 감정은 합리성을 무시한 채 사람을 행동하게 하지요. 만약 최애 아이돌이 회사에 나타난다면 일하다 말고 달려나갈 거예요.

우리는 매일 감정의 영향력 아래서 움직입니다.

다만 감정은 까다로운 면이 있지요. **'논리적으로 보면 불리한 행동'** 을 하게 만들 때도 있거든요.

화가 나서 친구에게 던진 말 때문에 계속 고민하고, 일이 적성에 안 맞는다는 이유로 고객 관리를 소홀히 하는 등 감정대로 행동하면 인생이 피로해지는 원인이 됩니다.

감정은 긴급한 상황에서는 우리를 움직이게 하는 원동력이 되지만, 한편 후회로 이끄는 성가신 안내인이기도 한 거예요.

'언제나 합리적인 사고만 따르며 살아가는 것이 옳다!'라고 말하는 것은 아닙니다.

그런 인생은 아마 지루할 거예요.

여기서 말하고 싶은 것은 '감정에 휩쓸리면 나중에 후회할 수도 있다'는 작은 조언이지요.

감정을 어디까지나 참고만 하면서 '별개의 것'이라고 분리할 수 있는 사람이 가장 편하게 살 수 있다는 말씀을 드리고 싶어요.

## 나를 실패로 이끄는 범인은 누구인가

사람이 무언가를 지각했을 때 순간적이고 무의식적으로 떠오르는 사고가 있습니다. 이를 '자동 사고'라고 부르지요.

예를 들어 친구에게 메시지를 보냈는데 좀처럼 답이 돌아오지 않을 때,
'나를 싫어하나봐.'
'내가 별 볼일 없는 인간이니까.'
이렇게 머리에 퍼뜩 떠오르는 생각이 있을 거예요.

'자동 사고'는 이처럼 자동으로 생각하게 되는 '생각 습관'을 말합니다.

그 버릇이 강하게 작동하면 근거 없는 결론을 내리고 맙니다.

앞서 이야기했듯 생각 습관을 지적당하고 울컥하거나, '되고 싶은 나'를 상상하는 사이에 예전 일이 떠올라서 울렁거리고 기분이 나빠진 사람은 '자동 사고' 때문에 감정이 자동으로 마이너스 방향으로 전환된 거예요.

생각 습관은 자동으로 작동하기 때문에 스스로는 잘 인식하지 못하고 제어할 수도 없어요.

어쩌면 **'체질적으로 안 맞나봐'라는 감각**을 느낄지도 모릅니다.

거미, 쥐, 뱀처럼 자기도 알 수 없는 이유로 싫은 것이 누구나 있으니까요.

과거에 안 좋았던 기억이 있거나 유전자가 위험을 판단해서 뇌에 신호를 보내면, 자동으로 사고가 작동해서 감정이라는 경고음을 울려 우리를 조종하려는 거지요.

이럴 때 우리 안에서 일어나는 정보 처리의 과정을 분석하면 이렇습니다.

**현실의 사건, 사고 → 인지 → (자동) 사고 → 감정 → 행동**

쥐를 예로 들어볼까요?

쥐가 나타났다 → 쥐임을 깨닫는다 → 쥐=더럽고 불결해! → 몸이 거부한다 → 비명을 지르며 도망간다

이러한 반응은 하나의 사건에 다양한 방식으로 나타납니다.

인지와 감정 사이에 있는 '자동 사고'.
이것이 바로 여러분에게 실패하는 버릇을 심어놓은 '진범'입니다.

## 트라우마의 영향력을 0으로 한다

누구나 트라우마가 있지만, 그것이 현실에 어느 정도 영향을 미치는지는 개인차가 있습니다.

내가 과거에 겪은 일보다 더 힘든 일을 겪었는데 나보다 훌륭하게 살아가는 사람을 보고 열등감을 느낀 적은 없나요?

이런 열등감이 강한 사람일수록 자동 사고가 크게 영향을 미칩니다.

이미 일어난 과거는 아무도 바꿀 수 없지만, 과거가 미치는 영향력은

사람에 따라 큰 차이를 보입니다.

간단한 공식으로 생각해봅시다.

트라우마 × 자동 사고의 영향력 = 현실에 대한 영향력

이렇게 표현할 수 있어요.

아무리 강렬한 트라우마가 있어도 자동 사고가 둔감하거나 완전한 제어 아래 있다면,

트라우마 × 자동 사고의 영향력(0) = 현실에 대한 영향력(0)

이렇게 될 거예요.

1장에서 소개한 '공허형'이나 '의존형'이 가지고 있는 생각 습관은 스스로 좀처럼 깨닫기 힘듭니다.

많은 사람들이 트라우마 그 자체가 원인이라는 잘못된 인식을 하고 있어요.

하지만 과거를 바꿀 수는 없습니다.

근본적인 해결책은 과거를 후회하는 게 아니라 현실의 나를 괴롭히

는 '자동 사고의 영향력'을 제어하는 것이에요.

자동 사고가 불러일으키는 감정을 관찰해서 나의 자동 사고를 깨달아봅시다.

감정은 멋대로 나오는 거지, 관찰하고 제어할 수 없는 거라고 생각할지도 몰라요.

하지만 어떤 감정이든 솟아나는 '논리'가 존재합니다.

앞서 말했듯 사람은,

현실의 사건, 사고 → 인지 → (자동) 사고 → 감정 → 행동

이라는 일련의 흐름을 타고 사건을 파악합니다.

감정이 올라올 때는 그 계기가 된 어떤 '현실의 사건이나 사고'를 인지하고 있는 거예요.

감정의 불꽃을 타오르게 하는 '점화 장치(계기)'를 인지하는 것부터 시작합시다.

## 계기를 '숫자'로 발견한다

여러분의 감정은 어떤 계기로 솟구칠까요?

그 계기만 알 수 있다면 부정적인 감정을 줄일 수도 있고, 피할 수도 있을 겁니다.

여기서는 '숫자로 추적하기'라는 관찰 방법에 대해 설명하겠습니다.

'숫자로 추적하기'는 간단히 말해 짧은 일기를 쓰듯이 감정의 계기가 된 사건을 숫자로 되돌아보는 거예요.

일기는 '생활 리듬 점검하기'와 '성찰하는 시간 만들기'를 위한 도구입니다. 그저 막연히 '일기를 쓰기만 하면 정신이 안정된다'고 생각해서는 효과가 크지 않을 거예요.

숫자로 꼼꼼하게 추적하는 방법을 통해 성찰하는 시간을 만들 수 있고, 자신을 제어할 수 있게 됩니다.

매일의 생활 스케줄을 만들어봅시다.

하루를 24시간으로 나누고 일하는 '시간', 전화하는 '시간' 등 어떤 일에 어느 정도 시간을 쓰고 있는가, 이것을 조사하는 거예요.

돈을 낭비하는 사람은 가계부를 만들어서 '무엇에 얼마나 쓰나'를 파악합니다.

몸무게의 변화가 큰 사람은 몸무게를 기록해서 '변화가 특히 심한 시기'를 파악합니다.

술을 많이 마시는 사람은 '음주량이 뚜렷하게 증가한 시기'를 파악합니다.

이렇게 숫자로 추적하면 감정과 거리를 둘 수 있어서 잘 보이지 않았던 짜증과 스트레스의 계기가 보이기 시작할 겁니다.

숫자가 확연히 이상해진 시기에는 감정을 건드린 어떤 계기가 분명히 있을 거예요.

힘든 일이거나, 떠올리기도 싫은 트라우마일 수도 있어요.

나를 '관찰'하는 것은 그저 한 곳만 바라보는 게 아니라 전후 관계와 그 주변도 둘러보는 것을 의미해요.

내 감정을 마음대로 바꿔버린 계기를 발견할 수 있다면 이 단계는 성공입니다.


'감정적인 나'가 '혼란스러운' 하루하루를 막연하게 살게 둘 것인가.

'이성적인 나'가 '명확한 계기'를 찾게 할 것인가.

어떤 길을 걷느냐에 따라 앞으로의 인생의 난이도가 결정될 거예요. 꼭 시도해봅시다.

제2장 '이성적인 나'를 키우는 방법

단계 3

## '징크스의 마법'을 사용한다

지난 항목에서 감정은 때때로 불리한 행동을 하게 만드는 '성가신 길 안내인'이라고 말씀드렸어요.

   매일 숫자를 통해 감정을 불러일으키는 계기를 파악해서 내 감정을 흐트러뜨리는 범인을 찾으셨을 거예요.

어떤 계기가 멋대로 우리 감정을 제어하고 있다면, 어떻게 이를 극복해서 편하게 살아갈 수 있을까요?

대답은 간단합니다.
조금 전 말씀드린 과정을 뒤집으면 되는 거예요.

즉,

행동 → 감정 → (자동) 사고 → 인지 → 현실의 사건, 사고

이 순서로 감정을 조절할 수 있게 변화시키는 겁니다.
그 방법에 대해 말하고자 합니다.

제2장 '이성적인 나'를 키우는 방법

## '내 손으로 인생을 개척한다'는 감각

'징크스'라는 말을 들어본 적 있으세요?

'검은 고양이가 눈앞을 지나가면 나쁜 일이 일어난다.'

'4나 13은 불길한 숫자다.'

이처럼 과학적인 근거는 없지만 어쩐지 믿게 되는 미신을 징크스라고 합니다.

일반적인 미신만 있는 게 아니에요. 사람마다 자기만의 징크스가 있습니다.

'저 쓰레기통으로 휴지를 한 번에 던져 넣으면 오늘 프레젠테이션은 성공할 거야.'

'시합이 있는 날에는 반드시 돈가스를 먹어야 해.'

'시험 점수를 잘 따고 싶으니까 초콜릿을 가져가자.'

이런 믿음도 징크스에 속해요.

이런 행동을 해도 프레젠테이션이 성공한다는 보장은 없고, 시험 점수가 좋을 리도 없다는 것은 생각하면 금방 알 수 있습니다.

하지만 우리는 이런 미신을 지켜야 '어쩐지 잘될 것 같은 기분'이 들어요. 근거 없는 자신감이 생기면서 그 기세를 몰아 성공하기도 합니다.

왜냐하면 사람은 '**스스로 선택해서 행동하면 분명 더 좋은 결과가 나온다**'는 일종의 자기중심주의를 가지고 있거든요.

운처럼 논리적으로는 아무리 노력해도 바꿀 수 없는 개념이라 해도, 인간은 '나의 행동으로 제어할 수 있다'고 착각하곤 합니다.

하버드대학에서 실시한 연구에 따르면, 사람은 자신이 직접 숫자를 고르는 '수고'가 필요한 복권을 사면 '어쩐지 맞을 것 같다는 기분을 느끼는' 습성을 가지고 있습니다.

설령 우연이라도 '**내 손으로 인생을 개척한다**'는 감각에 **무한한 행복을 느끼는 것**입니다.

그런 착각을 심리학에서는 '통제의 착각'이라고 합니다.

## 현실을 너무 직시하지 말 것!

이 착각은 여러분의 인생에도 큰 영향을 미치고 있습니다.

'들어가는 말'에서 말했던 뽑기처럼, 누군가가 '당신의 인생은 원래 정해져 있고 무슨 짓을 해도 소용없다'고 결론 낸다면 반발심이 들 거예요.

'**내 인생은 내가 결정한다.**' 인생을 제 손으로 제어하고 있다고 착각하는 덕분에 우리는 살아가기 위한 의욕을 유지할 수 있습니다.

"내일은 분명 좋은 날이 될 거야."

이런 근거 없는 자신감 덕분에 사람은 진취적으로 살아갈 수 있는 거예요.

'이성적인 나'가 통제의 착각을 거꾸로 이용하게 해서 살아갈 의욕을 갖게 해봅시다.

살아가기 위해서 필요한 이런 통제의 착각을 우리는 '희망'이라고 부르지요.

모순된 말처럼 들릴지도 모르지만, 현실을 보려 하지 않는 사람이야말로 오히려 큰 희망을 품을 수 있습니다.

한 연구에 따르면 우울증에 걸린 사람일수록 '인생은 생각대로 흘러가지 않는다'는 의식이 강한 것이 밝혀졌어요.

살아갈 가치가 없다고 생각하는 사람일수록 통제의 착각을 느끼지 못하고 현실을 더 실감 나게 직시하고 있습니다.

그래서 희망이라는 환상을 품을 수 없는 거예요.

'어차피 소용없어.'

'그런 일에 의미는 없어.'

'내가 할 수 있을 리 없어.'

장래의 꿈이나 비전을 말할 때 그런 생각 습관이 감정보다 먼저 나와서 착각이 발생하지 않아요.

그래서 '즐겁다', '기쁘다'라는 감정이 좀처럼 솟아나지 않습니다.

## 두근거리는 내일을 위해 필요한 단 하나의 습관

여기서부터는 머릿속이 망가진 순간을 극복하기 위한 '징크스'를 이용한 마법에 대해 설명하겠습니다. 즉 마음의 바늘을 없애는 거예요.

자신감을 찔러 터뜨리는 마음의 바늘은 자동으로 나타나기 때문에 자력으로는 좀처럼 보기 힘들고, 깨닫기도 어렵습니다.

하지만 앞에서 말했듯 '행동'을 통해 '감정'과 '자동 사고'를 통제할 수 있어요.

그때 효과적인 것이 '징크스'입니다.

살아가기 위한 희망과 기대는 앞으로 일어날지도 모르는 '불확정 요소' 속에 존재합니다.

하지만 아무리 장래에 희망을 품으려고 해도 '어차피 안 돼'라고 비관적으로 생각한 순간 희망은 당장 시들고, 미래를 향한 선택지도 내면에서 사라지고 맙니다.

그럴 때 어떤 마법을 외워서 미래에 대한 기대치를 올릴 수 있다면?

여러분도 어릴 때 신발을 던지면서 "내일은 맑아라!"라고 날씨 주문을 외운 적이 한 번쯤 있을 거예요.

날씨라는 불확실성을 스스로 통제하는 감각을 얻어서 **'어쩌면 내일은 정말 날이 갤지도 몰라'**라며 내일을 향해 아주 작은 기대를 품게 하는 놀이지요.

어른이 되면서 '그런 짓에는 아무 의미도 없어'라는 생각에 그만두었겠지만, 두근거렸던 어린 시절의 기분은 지금도 기억하고 있을 거예요.

사실 성공한 사람들이나 돈을 많이 번 사람들도 징크스의 마법을 이해하고 있습니다.

성공한 경영자들이나 저명한 사람들 사이에서는 '사장이 화장실 청소를 하면 회사가 성공한다'는 징크스도 있다고 해요.

예를 들어 일본의 인기 영화감독이자 개그맨인 기타노 다케시는 젊은 시절 자기 집은 물론이고 로케이션 장소나 공원 화장실도 직접 청소했다고 합니다. 옐로우햇* 창업자인 가기야마 히데사부로는 해외에 나가서도 화장실을 청소했다고 하고요. 파나소닉을 창업한 마쓰시타 고노스케나 혼다의 창업자인 혼다 소이치로도 화장실 청소를 중요하게 생각했다고 합니다.

징크스의 마법을 도입해서 생각 습관을 통제하고 불안과 공포를 극복한 것입니다.

"다음 무대에서 실패하면 어떻게 하지?"

"회사가 어려워지면 어떻게 하지?"

미래를 생각하면 자동으로 떠오르는 생각 습관 때문에 그들도 늘 불안을 느꼈을 거예요.

---

\* 일본의 자동차용품 전문점-옮긴이

아무리 성공한 사람이라 해도 일을 시작하기 전에는 불안과 공포로 머릿속이 엉망진창이었을 거예요.

그런 자기 감정을 통제하기 위해 '화장실 청소를 하는 사람은 성공한다'는 징크스를 이성으로 일단 믿어보고 철저하게 실행해서 감정적인 나를 통제했던 겁니다.

큰 불안이 덮쳐오더라도 '하지만 오늘도 화장실 청소를 했으니까 괜찮아'라고 순간적으로 생각할 수 있었을 거예요.

징크스의 좋은 점은 설령 실패하더라도 자기가 아니라 징크스 탓을 할 수 있다는 것입니다.

만약 실패해도 '오늘은 화장실 청소를 안 해서 그래', '좀 더 정성껏 화장실 청소를 해야 했어'라고 생각할 수 있으니까 쉽게 다시 일어설 수 있어요.

이것이 징크스의 마법입니다.

징크스를 반복하면 실패를 징크스 탓으로 돌릴 수 있어요. 성공도 징크스와 한 묶음이 됩니다.

"아침에 일찍 일어나서 출근했더니 사장에게 칭찬받았다."

"제시간에 일을 끝낸 덕분에 여러 모임에 나갈 수 있게 됐다."

이렇게 점점 자기를 통제할 수 있게 됩니다. 이성으로는 그게 착각이라는 것을 알고 있어도 효과는 아주 크지요.

## '시켜서'가 아니라 '스스로' 한다

그럼, 바로 징크스를 도입해봅시다.

조금 전에는 화장실 청소를 예로 들었지만 결론을 말하면 '뭐든' 좋습니다. 스스로 징크스라고 믿을 수 있는 것이라면 내용은 어떤 것이든 괜찮아요.

다른 사람이 강요한 것이 아니어야 한다는 점이 가장 중요합니다.

그런데 더 좋은 징크스를 만들기 위한 요점이 있어요. 세 가지를 말씀드릴게요.

- ① '성공을 향하고 있을 것'
  단계 1에서 자유롭게 상상한 '되고 싶은 나의 이미지'와 연관시킵시다.
- ② '언제든 할 수 있는 것'
  하기 어려운 것이 아니라 작은 습관을 우선으로 합니다.
- ③ '나의 과거와 연결되어 있을 것'

과거에 경험한 것과 연관 지으면 나만의 징크스가 됩니다.

예를 들면 이런 것이 좋은 징크스라고 할 수 있습니다.

'아침에 커피를 마시고 일을 시작한다.'
'긴장되는 프레젠테이션이 있는 날에는 주머니에 큰돈을 넣어둔다.'
'SNS를 보고 심란해졌다면 예전에 상사가 보낸 칭찬 메일을 다시 읽는다.'

**사람은 '다른 사람이 시켜서' 한다고 느낄수록 의욕이 떨어지는 존재입니다.**
직장에서 상사의 명령을 듣고 하는 작업과 스스로 기획한 후 하는 작업, 설령 내용은 같더라도 그 일을 실행할 때의 진심과 의욕은 완전히 다를 거예요.

징크스도 마찬가지입니다.
'스스로 생각해서 나를 위해 한다는 느낌'을 가질 수 있는 징크스야말로 여러분을 바꾸어줄 징크스입니다.

그것이 여러분의 자신감이 되고, '이성적인 나'가 '감정적인 나'를 통제하는 일로 이어질 거예요.

## 단계 4

## '연동'시킨다

단계 3에서는 징크스를 이용해 감정을 통제하고 생각 습관을 바꾸는 방법을 소개했습니다.

이 방법을 통해 나에 대한 기대치를 높일 수 있어요.

다만 **효과는 오래 지속되지 않습니다.**

이 책을 읽으며 느낀 것도, 다 읽고 나면 서서히 시들어서 시간이 지나고 나면 '그러고 보니 뭘 해야 하는 거였지?' 하는 식으로 영향력이 줄어들거든요.

책을 읽어도 인생이 변하지 않는 사람은 단계 4에 해당하는 '되풀이'가 빠져서 영향력이 지속되지 않는 거예요.

아무리 감동적인 영화라도, 시간이 흐른 후에는 단순히 머릿속으로 떠올렸다고 곧바로 눈물이 나지는 않을 거예요.

책이나 영상으로 얻은 기세란 자신감과 비슷합니다. 두루뭉술해서 금방 부풀어 오르고 바로 꺼지곤 하지요.

이 책에서 얻은 효과를 이어가며 머릿속이 망가지는 순간을 극복하고 본질적으로 편안하게 살아가려면 단계 4가 아주 중요합니다.

## 하루의 반은 '머리를 쓰지 않는다'

어쩌면 여러분은 스마트폰을 쓸 때 습관적으로 SNS를 들여다보는 버릇이 있을지도 몰라요.

그런 사람이 꼭 스마트폰이나 SNS에 중독되어 있다고는 할 수 없지만, 이는 무의식중에 '스마트폰을 본다'는 행위와 'SNS를 본다'는 행위가 결합된 것이지요.

이처럼 반복된 행동을 통해 동작이 연동되는 것을 **'습관화'**라고 부릅니다.

우리 인간은 다른 동물과 달리 머리가 똑똑해지는 방향으로 진화해 왔습니다. 다른 동물들은 복잡한 수식을 풀거나, 아름다운 문장을 창작할 수 없지요.

그렇게 머리가 좋은 인간이지만 사실 일상생활 속에서는 거의 머리를 쓰지 않습니다. **생활의 대부분이 '습관화된 행동'을 통해 자동으로 이루어지고 있다**는 것이 밝혀졌어요.

듀크대학의 연구에 따르면 사람이 하는 동작의 45%는 매일 같은 장소에서 일어나는 경향이 있습니다.

즉 매일 우리는 깨어 있는 시간의 절반 정도를 습관대로, 생각할 필요 없이 살고 있는 거예요.

아마 이 이야기를 들은 여러분은 '직장(또는 학교)이니까 어쩔 수 없지 않나?' 하고 생각했을지도 모릅니다.

그러면 휴일은 어떨까요? 휴일마다 매번 새로운 일에 도전하는 사람도 그렇게 많지 않을 거예요.

이렇게 되는 이유는 분명히 있습니다. 사람은 '사고의 연동'을 통해 일의 효율을 높이거든요.

## '연동'의 엄청난 힘

'아침에 일어나서 TV를 켠 다음, 스마트폰을 보면서 아침 식사를 준비하고, 양치를 한 다음 외출 준비를 하고, 시간이 되면 출근한다.'

이러한 일련의 동작들은 어느 한 단계를 뽑아보면 사실 상당히 복잡한 작업입니다. 뇌를 써야 하지요.

하지만 무의식중에 반복하고 연습한 덕분에 모두 습관이 되어 몸에 익었습니다.

'몸에 익는다'는 감각이 아주 중요해요. 인간은 한번 몸에 익히면 복잡한 공정이 필요한 일도 별생각 없이 해치울 수 있게 됩니다.

뇌가 복잡한 행동을 '하나의 덩어리'로 처리할 수 있게 되면 하나의 '습관'으로 뇌에 저장할 수 있거든요.

습관화는 예를 들자면 '컴퓨터에 다운로드한 텍스트를 하나의 폴더 안에 저장한 다음 압축 파일로 변환하는 것'과 비슷한 프로세스예요.

이 같은 정보의 연동과 압축을 '청크화(chunking)'라고 합니다.

공부하며 무언가 외울 때 말장난을 만들어서 기억한 적 있으세요?

"한글 자음의 울림소리는 '나라 마음(ㄴ, ㄹ, ㅁ, ㅇ)'."

"삼일운동이 일어난 연도는 아이구아이구(1919)."

숫자나 영문자를 그냥 나열하는 것보다 이렇게 말장난을 만들면 훨씬 더 기억하기 쉽습니다.

이런 말장난에서도 청크화라는 과정을 통해 정보의 압축이 일어납니다. 뇌의 용량이 절약되며 잘 까먹지 않게 되는 거예요.

'연동'에는 세 가지의 큰 효과가 있습니다.

- 기억에 남아서 잘 까먹지 않는다.
- 남에게 전하기 쉬워진다.

- 감정을 통제할 수 있다.

이렇게 청크화는 인간의 성장과 진보에 아주 큰 영향을 미쳤습니다.

여기서 세 번째 효과인 '감정을 통제할 수 있다'에 대해 조금 더 설명하겠습니다.

예를 들어 관광 명소에서 분수나 호수를 보고 행운이 있길 바라는 마음으로 동전을 던지곤 합니다.

아니면 자동차 번호로 '7777'을 쓰기도 하고요.

이렇듯 감정의 변화에도 '연동'이 관련되어 있습니다.

지난 항목에서 말씀드린 징크스의 마법에도 '연동'이라는 뇌의 작용이 관여하고 있지요.

다시 '화장실 청소'를 예로 들어볼까요?

화장실 청소 = 성공

이 공식을 징크스로 삼고 반복하면서 불안과 공포의 감정을 누르고 성공에 대한 기대치를 높이는 겁니다.

즉 '징크스'의 영향력을 습관으로 만들면, 뇌에서 '연동'이 일어나고 사고와 감정의 균형이 잡히면서 마음속부터 각성한 감각이 올라오는 거예요.

징크스 × 연동 = 각성

바로 이것이 망가진 머릿속을 극복하기 위한 방정식입니다.
이 방정식은 인생을 바꿀 수 있는 큰 영향력을 가지고 있어요.

## '보상'을 통해 연동을 강화하자

단단한 '연동'을 만들려면 '보상'과 '계기'가 중요합니다.
의도적으로 작은 성공 경험을 만들면 '노력 중이라는 실감'을 끌어낼 수가 있어요.
성취감이나 충족감은 무언가를 계속하려 할 때 없어서는 안 되는 요소입니다.
징크스 덕분에 성공했을 때, 아니면 실패했을지라도 징크스와 행동이 잘 연동됐을 때는 '간단한 보상'을 준비해보세요.
저는 이 책을 쓰기 위해, 요네즈 켄시의 'Shunrai'라는 노래를 들으며 글을 쓰면 좋은 문장이 나온다는 징크스를 만들었습니다.

그리고 징크스를 지키며 작업을 시작했다면 좋은 문장을 썼을 때도, 반대로 한 글자도 쓰지 못했을 때도 'Shunrai'를 들으며 작업을 시작한 것에 대한 보상으로 스타벅스의 초콜릿 청크 쿠키를 나에게 선물하기로 했습니다.

성공한 날에는 만족감 덕분에 쿠키를 맛있게 먹을 수 있었고, 실패한 날이어도 쿠키 덕분에 마음을 다독일 수 있었어요. 무언가를 계속하기 위해서는 이렇게 뇌를 안심시키기 위한 '작은 보상'이 중요합니다.

다른 요소는 '계기'입니다.

단계 2에서 감정을 불러일으키는 계기를 숫자로 정리해보았지요.

감정을 불러일으키는 계기가 무엇인지 알게 된다면 그것을 이용해 징크스를 만들 수 있습니다.

예를 들어 직장에서 상사에게 질책당한 것이 트라우마가 되었다고 해볼까요? 그러면 상사에게 보고하는 행위가 계기가 되어서 짜증과 자책감이 생겨나지요.

이 경우 '상사에게 보고할 때'마다 과거에 받은 자극을 되씹고 있다고 할 수 있어요.

그렇다면 상사에게 보고할 일이 생겼을 때 사전에 이렇게 해봅시다.

'팔을 걷어붙인다.'
'좌우명을 되뇐다.'
'주먹으로 책상을 가볍게 때린다.'

이렇게 자기 자신을 북돋우는 거예요.

그러면 뇌에 과거의 사건과는 별개의 자극이 더해져서 성공으로

**연동됩니다.**

 계기는 그대로 존재하는데, 그 위에 성공을 위한 징크스를 덧붙이는 겁니다.

 징크스 연동은 이렇게 우리에게 용기를 줍니다.
 전쟁터로 향하는 사람들은 평소 격렬한 훈련과 트레이닝을 반복해서 전투에 대한 공포와 실패를 극복한다고 하지요.

**징크스 × 연동 = 각성**

 이 공식을 이용해 머릿속이 망가지려는 나를 극복하고, 조금이라도 더 편안한 마음으로 살 수 있게 사고방식을 바꿔봅시다.

\*

\*

 제2장에서는 머릿속이 망가진 나를 극복하기 위해 '이성적인 나'를 키워서 '감정적인 나'를 잘 다루기 위한 단계를 구체적으로 말씀드렸어요.
 '감정'이 앞서서 머릿속이 엉망일 때는 '생각 습관'이라는 바늘이 꽂혀 있는 상태입니다.

그 바늘을 뽑기 위해,

- 단계 1: 되고 싶은 나를 자유롭게 상상한다(인지).
- 단계 2: 나를 방해하는 감정을 숫자로 관찰한다(감정).
- 단계 3: 징크스를 도입해서 감정을 통제한다(행동).
- 단계 4: 징크스를 반복해서 행동과 연동시킨다(되풀이).

이러한 4단계를 거쳐서 '각성 체험'에 도달하면 사고와 감정이 균형을 이루게 됩니다.

아무리 멋진 방법이라도 여러분이 스스로 '노력 중이라는 느낌'을 갖지 못한다면 의미가 없습니다.

여기까지 읽고서 '어려울 것 같아', '좀 해봤는데 효과가 없었어'라는 느낌이 들었다면 일단 내려놓고 쉬어도 괜찮아요.

모든 것을 당장 완벽하게 할 필요는 없으니까요.

앞서 말했듯 '실패는 보물'입니다.

생각처럼 안 된다고 괜히 짜증을 느끼거나 자신감을 잃는다면 주객전도예요.

다음 장에서는 좀 더 구체적인 체험을 위해 이 네 가지 단계를 통해 실제로 편안한 마음을 갖게 된 사람들의 경험담을 공유하겠습니다.

고작 두 챕터를 읽고서 완벽을 지향하지 않아도 됩니다.

'이론은 대충 알았어' 정도로 받아들였다면 '대성공'이에요.

## 제 3 장

# 망가진 머릿속을 극복한 6명의 이야기

제3장 망가진 머릿속을 극복한 6명의 이야기

'실제 사례'를 읽고
실천해보자

'감정적인 나'로 남아 있으면 정신적으로 아프기 쉽고 '살아 있기만 해도 힘들다'고 느끼기도 합니다.

그런 상태에 변화를 주려면 '이성적인 나'가 자신을 '각성'시키는 게 중요해요.

제2장에서는 그 방법을 소개했습니다.

하지만 직접 해보려니 아직 느낌이 잘 오지 않는 분도 많을 거예요.

그럴 때는 '저 사람은 이런 방법으로 성공했다' 같은 성공 사례를 알아보면 지름길을 찾을 수 있습니다.

느낌을 선명하게 만들어서 쉽게 실천할 수 있도록, 이번 장에서는 실제 사례를 소개하려고 합니다.

이 장을 전부 읽지 않아도 괜찮아요.

우선 65쪽의 '6가지 타입'을 다시 읽어보세요. 이번 장의 내용은 그 6가지 타입의 예라고 할 수 있습니다.

여러분은 어떤 타입이 되는 순간이 많았나요?

그 타입에 해당하는 사람의 이야기를 읽고 여러분만의 '징크스'나 '각성 체험'을 만들어보세요.

제3장 망가진 머릿속을 극복한 6명의 이야기

# 스스로 질릴 정도로 극단적인 성격
## —'양극형인 나'의 경우

제 지인 아키(가명)는 일명 '연애 무능력자'입니다.

아키는 스스로도 질릴 정도로 생각이 극단적이에요.
'금사빠' 스타일이라 누가 잘해주면 곧 **'이 사람을 위해서라면 뭐든 할 수 있어!'** 라며 거침없이 접근합니다.
그래서 사귀는 사이로 발전한 것까지는 좋은데, 어느 날 애인이 마음에 들지 않는 행동을 하면 갑자기 도미노가 쓰러지듯이 단번에 '미움'으로 뒤집어져버리지요.
본인이 다가갈 때는 그렇게 행복에 가득 차 있었는데, 갑자기 '식어'버리는 겁니다. 그렇게 관계가 끝나는 일이 반복되었어요.
아키는 '이대로는 안 되겠다'며 저에게 상담하러 왔습니다.

아키는 이렇게 이야기했습니다.
"어제까지는 함께 살고 있는 남자 친구가 너무 좋았는데, 서로 연락이 어긋난 후로는 싫다는 감정이 넘쳐서 오늘은 무시해버렸어요. 예전에는 마음대로 남자 친구의 물건을 처분해버린 적도 있었고요…"
아키는 자기의 나쁜 면을 '성격 탓'이라고 생각했습니다.
'나는 원래 이러니까 어쩔 수 없어'라고 포기하고 있었지요.

## '마음이 금방 식어버리는 나'를 바꾸려면?

'들어가는 말'에서 이야기했듯 저는 아키에게 자신을 바꾸는 것은 가능하다고 이야기했습니다.

그리고 122쪽에서 말한 '자동 사고 깨닫기'에 대해 말했습니다.

제가 보기에 아키는 사근사근하고 싹싹해서 누구나 호감을 느낄 만한 타입입니다. 그러니까 성격 탓을 하며 포기하는 것은 본인의 가능성을 좁힐 뿐이었어요.

당장 시작하자고 권한 것이 제2장에서 말한 **'각성을 위한 4단계'**입니다.

우선 첫 단계로 되고 싶은 나의 모습을 함께 상상해보았지요.

"아침에 일어나서 아침 식사를 만드는 동안, 남자 친구도 일어나서 거실로 나오면 모닝 키스를 하고 싶어."

"느긋하게 음악을 틀고 가만히 바깥 풍경을 바라보면서 아침 식사를 하고 싶어."

"밤에는 함께 저녁을 만들고, 함께 집안일을 하고, 아이도 재우고 나서, 남들만큼은 행복하다는 것을 실감하며 잠들고 싶어."
…

이렇게 이상적인 생활을 그렸습니다.
이 단계에서 어려움을 겪는 사람도 많은데, 아키는 이상을 이야기하는 것이 어렵지 않은 것 같았습니다.

다음으로 시도한 것이 '숫자로 추적하기'입니다.
이전 남자 친구와의 관계를 되돌아보기로 했습니다.

"언제, 어디서 짜증이 났는가?"
"그런 일이 지금까지 몇 번 정도 있었나?"
"그럴 때 어떤 사건이 계기가 되었는가?"

그러자 마음이 식은 계기가 '함께 살기 시작한 것'이라는 사실을 분명히 알게 되었습니다.
그 순간 자주 '머릿속이 망가졌다'는 것이었어요.

애초에 함께 살고 싶다는 말을 먼저 꺼낸 것은 아키였다고 합니다.

그런데 함께 살게 되자 남자 친구의 사적인 부분이 또렷이 보이게 되었어요.

이전까지는 보지 않으려고 했던 남자 친구의 나쁜 버릇이나 서로 다른 가치관을 도저히 받아들일 수 없게 된 겁니다.

그 결과 조금 전에 말한 이상과는 동떨어진 모습이 되었고, 미래를 그릴 수 없어서 '식어버리게' 된 거지요.

이렇게 아키는 자기 힘으로 '감정적인 나'를 깨달을 수 있었습니다.

아무래도 아키에겐 함께 살기 전에는 '상대의 나쁜 면을 보지 않으려고 하는' 버릇이 있는 것 같았습니다.

그러다가 나중에 한꺼번에 눈에 들어와서 극단적으로 '싫다'는 감정으로 치닫는 거였어요.

하지만 사람은 누구나 좋은 면이 있고, 나쁜 면도 있습니다.

그 유명한 마하트마 간디도 '나쁜 남편'이었다고 부인인 카스투르바 간디가 나중에 털어놓았거든요.

아키는 '인간에게는 당연히 나쁜 면도 있다'는 것을 머리로는 이해하고 있지만 마음으로는 받아들이지 못한 채 남자 친구를 이상적인 파트너로만 보았습니다.

잘 지내는 커플이라면 '이런 안 좋은 면도 있구나' 하고 그 자리에서 받아들이거나 솔직하게 서로 지적할 수 있습니다.

하지만 아키는 전부 쌓아두기만 해서 극단적인 행동이 나오고 만 것입니다.

이렇게 함께 살기 전부터 남자 친구의 나쁜 면도 보아야 한다는 것을 깨달았습니다.

다음으로 단계 3은 '징크스 만들기'입니다.

"함께 살지 않으면 '외로움'을 해소할 수 없어요…."

아키의 말이었습니다. 아키에게 '외로워졌을 때' 만들어볼 만한 징크스를 생각해보자고 했습니다. 아키가 만든 징크스는 이렇습니다.

'외로워지면 중고 시장에 물건을 내놓는다. 적어도 내놓을 준비를 한다.'

"물건을 손에서 떠나보내는 순간 상쾌한 기분이 드니까요."

아키는 원래 중고 거래로 물건을 팔거나 집 정리하는 것을 좋아했기 때문에 외로워졌을 때는 이 징크스를 써보기로 했습니다.

실제로 징크스를 활용했더니 아키는 **외로움이 옅어지는 느낌을 받았다고** 합니다.
한번 성공하면 그다음부터는 '이성적인 나'가 감정을 통제하며 생활할 수 있습니다.
징크스를 도입했더니 '남자 친구가 나를 떠날지도 모른다'는 불안도 서서히 가라앉았다고 합니다.

남자 친구와 얼른 동거를 시작해서 거리를 좁히고 싶은 그녀의 마음은 '상대를 믿지 못하겠다'는 불안감의 표출이었을지도 모릅니다.
'언젠가 나를 떠날지도 몰라.'
'난 버림받을지도 몰라.'
그런 초조함 때문에 관계를 급속히 진전시켰던 게 아닐까요?
하지만 이렇게 징크스를 도입해서 '외로움'을 타는 '감정적인 나'를 길들임으로써 '남자 친구와 떨어져 있어도 안심할 수 있다'는 '각성 체험'에 도달할 수 있었어요.

## '양극형'을 위한 처방전

지금까지 '양극형' 아키의 사례였습니다.

덧붙이자면 정신의학적으로 '극단적인 사고방식'은 애정 부족으로 일어나는 일이 많다고 여겨집니다.

여러분의 어린 시절을 떠올려보세요.

극단적으로 생각한 적이 많지 않나요?

평소에는 다정한 엄마가 간혹 "이 녀석아!" 하고 큰소리로 혼낸 것만으로도 '진짜 싫어!'라는 감정을 억제할 수 없었을 때가 있을 거예요.

어린이는 타인에 대한 평가를 쉽게 바꾸고 어른보다 단편적이니까요.

- 화내지 않는 엄마 → 내 편이니까 좋다
- 화내는 엄마 → 적이니까 싫다

이처럼 두 개의 평가만 가지고 있는 거예요.

하지만 장기적으로 충분한 애정을 느끼며 자라면 아이는 점차 '화내는 엄마도, 화내지 않는 엄마도 전부 내가 사랑하는 엄마'라는 식으로 한 인간의 앞면과 뒷면을 제대로 인식할 수 있게 됩니다.

한편 애정이 부족한 채 자라면 '엄마는 화내니까 싫어'라는 한 면밖에 보지 못하고 큰 불신감을 안은 상태로 성장하고 맙니다.

그 후의 모든 인간관계에서 '잘 식어버리는 사람'이 되기 쉽지요.

인터넷을 둘러보면 극단적인 사고방식이 점점 더 가속화되는 광경을 쉽게 볼 수 있습니다.

최애가 결혼 발표를 한 순간 온라인에 결혼 상대를 비하하는 글을 쓰는 소위 '안티팬'들이 있어요. 이들은 타인에 대한 거리감을 잘못 인지하는 '양극형' 정신 상태에 빠진 것이라 볼 수 있습니다.

안티팬은 오랜 역사가 있습니다. 유명한 추리소설 《셜록 홈스》 시리즈에서 주인공인 홈스가 죽었을 때, '홈스를 부활시켜라'라며 원작자인 아서 코난 도일에게 수많은 협박장이 도착했다고 하지요.

이처럼 **'자신의 이상과 다르면 받아들이지 못하는'** 성가신 감정은 옛날부터 사람들을 고민에 빠뜨렸습니다.

요즘 들어 자주 듣는 이야기가 **'친구가 나랑 다른 의견을 갖고 있다는 것을 아는 순간 그 사람의 모든 것이 싫어진다'**는 말입니다.

자기 안의 룰이 너무 강해서 주위 사람들과 충돌하고, 방금 말한 안티팬처럼 되기도 하지요.

그럴 때 다음 다섯 개의 생각 습관이 작용하고 있지 않은지 자신을 돌아보길 바랍니다.

- 모 아니면 도: 완벽주의이고 자기만의 룰로만 생각한다.
- 일반화: '보통 이렇게 하잖아?'의 '보통'에 문제가 있음을 깨닫지 못한다.
- 독심술: 근거도 없이 '이렇게 생각하는 게 분명해'라고 결론짓는다.
- '~해야 한다' 사고방식: 다른 사람도 역시 ~해야 한다고 자꾸 생각한다.
- 마이너스화 사고: 일단 부정적인 의견이 생겨나면 수정하지 못한다.

이런 버릇이 내 안에 있지 않은지 점검해보세요.

제3장 망가진 머릿속을 극복한 6명의 이야기

# 그만하고 싶은데
# 그만둘 수 없어
### —'의존형인 나'의 경우

'이상할 정도로 헌신적인 남자' 고지(가명)의 이야기입니다.

　여자 친구가 하는 말은 뭐든지 들어주고, 한밤중에 불러내도 웃는 얼굴로 나오는 사람, 멋지다고 생각하시나요?
　헌신하면서 만족감을 느끼는 타입은 언뜻 아름답게 보입니다.
　하지만 **'얼마나 상대에게 헌신했는가'**만이 애정의 깊이라고 착각하면 문제가 발생합니다.

　고지는 좋아하는 사람이 생기면 우선 비싼 선물을 사주거나 고급 레스토랑에 데리고 가는 것부터 시작합니다.
　하지만 이제 막 알게 된 사람에게서 고가의 선물을 받으면 순수하게 기쁘기만 할까요?
　대부분은 뒷걸음질 칠 거예요.
　선물만으로는 상대와의 거리를 좁힐 수 없습니다.

　무사히 사귀게 된 경우도 몇 번 있었다고 고지는 말했습니다.
　그 후의 심경을 물었더니 이런 대답이 돌아왔습니다.
　"내가 헌신한 만큼 상대에게 마음에 안 드는 부분이 있으면 지적하고 행동을 통제하려 했을지도 모르겠어요."

아마 함께 있는 상대를 지치게 만들어서 관계가 오래 지속되지 않았을 거예요.

## '파트너 의존'을 어떻게 변화시킬까?

고지는 일이나 일상생활에서는 상대에게 집착하지 않는다고 했습니다.
하지만 연애 문제만 되면 갑자기 시야가 좁아져서 상대를 구속하고 싶어집니다.
일하다가도 애인을 생각하고, 메시지 답장이 늦으면 안절부절못하는 일이 늘어나면서 업무에도 지장이 오기 시작한다고요.

이처럼 특정한 사람에게 지나치게 의존하는 사람은 '나에게는 매력이 없나봐'라는 생각에 깊이 빠져 있기도 합니다.
고지의 말에서도 그런 생각이 엿보였습니다.

"누군가랑 가까워지고 싶지만 저는 남들이 좋아할 만한 매력이 없어요…. 다른 사람들은 이런 생각 안 하겠죠?"

또 자기 의견을 말할 때 '다들 그렇게 말한다', '보통 그렇게 한다'며 주어를 일반화하는 면에서도 의존적인 기질이 보였습니다.

고지 스스로도 자기가 쉽게 의존하고 분위기에 휩쓸리는 성격이라는 것을 자각하고 있었습니다.
"이런 내가 너무 싫어요. 사라지고 싶어요."
나중에는 이렇게까지 말했습니다.

하지만 고지가 착각하는 것이 하나 있었습니다.
'쉽게 의존하는 성향을 꼭 바꿀 필요는 없다'는 점입니다.
다른 사람에게 최선을 다하며 헌신하는 면은 상냥함이라고도 할 수 있습니다. 고지의 소중한 개성이지요.
고지가 바꾸어야 하는 부분은 의존적인 기질 자체가 아니라, 그것을 표현하는 방법입니다.

사람은 누구나 '좋아하는 것'이 있습니다.
'게임이 좋아서 게임만 할 수 있으면 인생이 만족스럽다.'
'꾸미기를 좋아해서 화장하는 시간이 제일 행복하다.'

이처럼 '좋아한다'는 감정은 살아가는 원동력이 됩니다.

그런 원동력을 짓밟을 필요는 없습니다.

'좋아함'을 이성으로 자제하며 '의존'하지 않으려면 징크스의 마법으로 표현법을 바꿔가면 됩니다.

좋아하는 사람에 대한 생각을 멈출 수 없을 때는 '머릿속이 망가졌어!'라고 깨닫는 것부터 시작하기로 했습니다.

고지는 '그런 식으로는 생각하지 못했다'며 이미 구원받은 느낌이 든다고 했습니다.

그 느낌이 사라지기 전에 '이성적인 나'가 감정을 통제할 수 있도록 징크스의 마법을 도입하기로 했습니다.

'고가의 선물을 한다'는 표현법을 바꾸어서 **'누군가 신경 쓰이기 시작했다면 자기 관리를 한다'**는 징크스를 만들기로 했습니다.

시간과 돈이 부담되지 않는 선에서 '피부 관리를 한다', '낡은 옷을 버리고 깨끗한 옷을 산다' 등을 실천하기로 했지요.

여기서 중요한 것은 상대를 생각하며 행동하는 것입니다.

처음에는 고지의 내면에 부끄러움이 있어서 "피부 관리를 하다니, 자의식 과잉에 나르시시스트 같지 않을까요?"라며 긴장하는 것 같았지만, 막상 주위의 반응은 아주 좋았습니다.

"안색이 좋아진 것 같아."

"밝아진 느낌이 들어."

주위의 칭찬을 받으면서 고지의 징크스는 점점 습관화되었습니다.

이렇게 되면 선순환이 일어납니다.

겉모습뿐 아니라 그에 걸맞게 내면도 소중하게 여기게 되면서 '독서하기', '강의 듣기', '화법에 신경 쓰기' 같은 행동으로도 이어지니까요.

111쪽에서도 말했듯 '이성적인 나'로 있으려면 '자신감'이 중요합니다.

자신감을 얻은 고지는 이렇게 말했습니다.

"마음에 여유가 생겼어요."

"초조해하지 않고 마주하면 파트너와의 관계도 문제없어요."

"구속하지 않아도 도망가지 않는군요."

파트너와 이성적으로 거리를 둘 수 있게 된 거예요.

이성이 감정을 통제하는 '각성 체험'이 찾아온 순간이었습니다.

특정한 사람이나 물건에 지나치게 의존하며 살아가는 것은 사실 매우 힘들고 괴로운 일입니다.

대상을 잃게 될 것이 너무 무섭기 때문이지요.

하지만 징크스를 통해 자신감을 되찾으면 지나치게 의존하지 않는 상태를 유지하며 안심하고 살 수 있습니다. 그러면 더 편하다는 것을 받아들일 수 있어요.

영화 〈쇼생크 탈출〉에는 이런 대사가 나옵니다.

"교도소의 벽은 이상한 존재다. 처음에는 그것을 미워하고, 다음에는 익숙해진다. 시간이 흐르면 의존하게 된다."

의존하고 싶어서 의존하는 사람은 없습니다.

살기 위해, 생활을 이어가기 위해, 자기도 모르게 의존하게 된 거예요.

제가 아는 의존적인 기질의 사람들은 모두 그랬습니다.

### '의존형'을 위한 처방전

'이 사람이 없으면 살아갈 수 없어.'

'누구한테 기대지 않으면 결정할 수 없어.'

여러분도 이런 의존심을 느낀 적이 있을 거예요.

학교에서 혼자 다니면 누가 볼까봐 무섭고, 좋아하는 사람이 메시지를 읽었는데 답장하지 않으면 불안해지지요.
이 정도는 누구나 경험하는 일입니다.
하지만 그 때문에 초조함이 멈추지 않거나 상대에게 피해를 주면 문제가 발생합니다.

한편 '좋아한다'는 감정이 존재하는데 무작정 억누르고 참으면 역효과가 나기도 합니다.
**'좋아함'과 '의존' 사이에는 그러데이션이 있어요.**
이는 '이성적인 나'가 통제할 수 있는 범위 안에 있는가에 따라 차이가 생깁니다.
"게임을 좋아하지만 쉬는 날에만 해야지."
"사적인 연락은 일이 끝난 다음에 해야지."
이렇게 자기 의지에 따라 행동할 수 있다면 전혀 문제가 없습니다.
그런데 의존하게 되면 '당장 못 하면 죽을 것 같아'라고 잘못 생각합니다.

계속 의존하는 것도 아니고, 그렇다고 의존을 그만두지도 않는 '제3의 선택지'가 필요합니다.

흐름을 거스르려고 하지 말고 다른 길을 만드는 거예요.

고지는 '자기관리'를 골랐습니다. 여러분의 선택은 무엇일까요?

의존의 밑바닥에는 '구원 체험'이 있습니다.

아무리 힘내도 과중한 업무가 계속되던 어느 날, 문득 사우나가 눈에 들어와서 기분 전환을 했다고 칩시다.

그러면 '사우나에 가면 편해진다'는 구원 체험이 생긴 겁니다.

그런 체험을 하나가 아니라 두 개, 세 개씩 만들어서 선택지를 늘려가세요.

'이게 유일한 답이야.'

'그 사람만이 운명의 상대야.'

감정에 휩쓸릴 수도 있지만 지나치지 않게 이성으로 생각합시다.

그런 사고법을 몸으로 익혀가는 거예요.

# 마음이 텅 비어서 즐겁지 않아
## —'공허형인 나'의 경우

외국계 기업에서 근무하다 전업주부가 된 에리코(가명)는 '남에게 말할 수 없는 답답함'을 느끼고 있습니다.

매일 정신없이 바쁘게 일하면서도 에리코는 언젠가 결혼해서 아이를 갖는 것이 꿈이었습니다.

같은 직장의 남성과 교제 후 결혼에 성공했고 아이도 태어나서 순조로운 인생을 보내고 있습니다.

이것만 보면 '행복으로 가득 찬 사람' 같지만, 에리코는 혼자 있으면 왜인지 채워지지 않는다는 느낌이 물씬 들었습니다. '내 인생은 뭘까?'라는 막연한 고민으로 머릿속이 꽉 찼습니다.

가족과 함께 있을 때도 점점 그런 생각이 들었습니다.

남편에게 털어놓았더니 "부족한 게 없다는 증거지. 지금이 행복해서 그래"라며 진지하게 받아주지 않았습니다.

어머니나 친구들도 같은 반응이었습니다.

사실 '행복해야 하는데 괴롭다'는 느낌은 누구나 경험합니다.

그런데도 에리코는 **'행복해야 하는데 행복을 느끼지 못하는 나는 나쁜 사람'**이라며 죄책감을 느끼고 자신을 탓하게 되었습니다.

결국 밥을 먹어도 맛이 느껴지지 않고, 쇼핑도 귀찮아졌습니다. 집에 틀어박힌 채 아무것도 하고 싶지 않다는 신체적 무기력함 때문에 일상생활에도 문제가 생겼습니다.

다른 사람에게 털어놓을 수 없는 고민은 마음을 지배하는 안개처럼 그 사람의 내면을 자욱하게 덮어버립니다.

에리코는 이런 고민은 자랑이나 잘난 척으로 들릴 것 같아서 점점 남에게 말할 수 없는 상태가 되었습니다.

이렇게 안개가 계속 짙어져서 자기 마음을 알 수 없게 된 사람들이 이야기를 털어놓으려고 저를 많이 찾아옵니다.

## '채워지지 않는 나'를 어떻게 바꿀까?

에리코의 고민을 여기까지 들은 다음 지금까지 말씀드린 것처럼 '각성을 위한 징크스 만들기'를 시작하기로 했습니다.

에리코의 경우 처음부터 고민은 자기 안에 명확하게 존재하고 있는데 '아무한테도 말할 수 없다', '이해해주지 않는다'라며 고민의 '질' 때문에 더욱 머리가 아픈 상황이었습니다.

'행복한데 힘들다'고 이야기해본들 '사치스러운 고민'이라며 일축당할

우려도 있습니다.

에리코의 이야기를 듣는 동안 고민의 본질이 조금씩 보이기 시작했습니다.

에리코는 '충족되어 있음'을 필요 이상으로 입에 담으면서 열심히 그렇게 믿으려 했습니다.

감정을 억지로 받아들이려 했어요.

열심히 일해왔던 사람은 '사실은 다른 사람들에게 더 인정받고 싶다'는 마음을 계속 가지고 있는 경우가 많습니다.

에리코도 마찬가지였습니다.

하지만 결혼한 후에는 남편과 아이를 돌보는 것이 자신의 의무라며 자기에게 책임을 지우고 있었습니다.

달리 하고 싶은 일이 있느냐고 물어도 "가정이 있으니까 안 돼요"라고 스스로 가능성을 닫아버렸습니다.

그녀에게는 다른 많은 사람에게 인정받을 수 있는 '자아실현의 장소'가 없었던 거예요.

남편을 사랑하고, 물론 아이도 소중하게 생각합니다.

하지만 자기가 진짜 하고 싶은 일을 외면하고 스스로 가능성을 없애면서 어느샌가 자기에게 기대를 걸지 않게 되었던 거지요.

'늘 자기보다 가정을 우선시한다'면 아름답게 보일 수도 있지만, 지나치면 생각 습관이 되어 본인을 괴롭힐 수도 있습니다.

이럴 때 '각성'을 위한 단계가 효과를 발휘합니다.

우선은 '내가 정말 하고 싶은 일을 자유롭게 상상하기'부터 시작했습니다.

에리코는 처음엔 내키지 않는 듯했지만, 가정은 일단 덮어두고 생각하기로 했습니다.

그러자 조금씩 밖에서 자유롭게 지내고 싶다는 욕구가 나오기 시작했습니다.

"으음… 만약 시간이 있다면 요가나 요리 교실에 다니고 싶어요. 또… 집 생각을 하지 않고 아무 목적도 없이 산책도 하고 싶은 것 같고요."

그렇게 흘러가는 대로 이야기를 나누는 중에도 "하지만 사실 불가능하고요", "절대 못 해요"라며 자기 상상을 바로 자기 손으로 취소하는 것이 버릇이었습니다.

생각 습관을 확인하면서 다음으로는 '숫자로 파악하기'를 했습니다.

하루 종일 얼마나 밖에 나가는지, 어떤 시간에 자꾸 상념에 빠지는 일이 많은지 숫자로 되돌아보았습니다.

'오전에 집안일을 마치고 한숨 돌릴 때'와 '점심을 먹은 후에', '자려고 눈을 감았을 때' 등 손이 비는 타이밍에 머릿속이 망가지는 순간이 찾아온다는 것을 깨달았습니다.

인간의 뇌는 늘 새로운 자극을 찾는 기관입니다.

하는 일 없이 멈춰 있으면 뇌는 **'좀 더 자극을 줘'**라며 재촉하듯 신호를 보냅니다.

그 신호를 받고 '가정이 있으니까 어쩔 수 없잖아'라며 계속 제동을 걸면 머릿속에서 액셀과 브레이크를 동시에 밟은 듯 불안한 기분이 드는 것입니다.

그런 상태가 이어지면 **'뇌는 나아가고 싶은데 멈춰 있는 상태'**에서 오는 답답함 때문에 괴로워집니다.

여러분도 '아무것도 안 해서' 죄책감을 느낀 적이 있을 거예요.

**할 일이 없으면 편할 것 같지만 사실 불안해지지요.**

에리코도 '나를 편하게 두면 남편이랑 아이한테 미안해진다'고 말했습니다.

활동적이었던 에리코는 자기를 집 안에 너무 묶어두는 바람에 **'할 일**

이 아무것도 없다'는 느낌을 받은 것이 '계기(점화제)'가 되어서 '괴롭다고 느낀다(머릿속이 망가짐)'는 것을 깨달았습니다.

그 점을 염두에 두고 새로운 방향으로 자기를 개방하기 위한 징크스를 생각해보기로 했습니다. '아무것도 하지 않는다'는 느낌이 들 때 가정에서 외부로 향하는 행동을 하는 거지요.

에리코는 생각 끝에 **'죄책감이 느껴지면 빵을 만든다'**는 징크스를 내놓았습니다.

집안일이 정리된 점심 무렵이나 밤에 자기 전, 가족에게 양해를 구하고 빵 만드는 일에 힘을 쏟기로 했지요.

동영상과 책을 보고 레시피를 따라 하면서 새로운 자극을 받아들이려고 한 것입니다.

그러자 막혀 있던 댐에서 물이 한꺼번에 흘러나오듯 몰두할 수 있었습니다.

게다가 빵이라는 성과물이 있으니까 '자아실현을 하고 싶다', '타인에게 인정받고 싶다'는 에리코의 욕구도 충족되었어요.

이 솔루션은 '가족을 위한 일'이기도 하기 때문에 에리코의 내면에서 죄책감이 일어나지 않은 것도 좋은 방향으로 작용했습니다.

'가족에게 걱정 끼치지 않기 위해서라도 자기를 표현하는 것이 중요하다'며 이성적인 에리코가 감정을 통제하는 데 성공한 거예요.

그야말로 '각성'을 체험한 순간이었습니다.

그 후 에리코는 '언젠가 빵집을 열고 싶다'는 목표를 갖게 되었습니다.

목표로 삼고 싶은 인생을 사는 제빵 장인을 만났다고 해요.

가정을 돌보면서 새로운 일을 시작하는 것은 보통 힘든 일이 아니겠지만, 목표와 계기를 찾았다면 사람은 금세 변하기 마련입니다.

## '공허형'을 위한 처방전

'무언가를 할 마음이 안 생긴다.'

'어쩐지 아무것도 하고 싶지 않다.'

'즐겁다는 게 어떤 느낌이었지?'

누구나 이런 생각이 들 때가 있습니다. 간단히 말해 '의욕을 상실한' 상태입니다.

하지만 아무것도 하고 싶지 않을 때도 붙잡아볼 감정은 있기 마련입니다.

'맛있는 음식을 먹고 싶다.'

'아름다운 것을 보고 싶다.'

이렇게 막연한 욕망도 괜찮습니다.

일이나 공부에 의욕이 생기지 않는 것은 이상한 일이 아니지요.

하지만 머릿속이 망가졌을 때는 '좋아하는 일까지 귀찮다'는 감정이 듭니다.

첫 번째로 살펴본 '양극형' 타입은 감정의 영향이 너무 강해서 삶에 피로함을 느끼는데, '공허형'은 그 반대입니다.

감정의 영향이 너무 적어서 괴로움을 느끼는 거예요.

이를 정신의학에서는 과거에 받은 충격 때문에 정신에 부담이 가지 않도록 일부러 '마음에 자물쇠를 거는' 현상이라고 분석합니다.

스스로 감당할 수 없을 만큼 큰 충격을 받았을 때 사람은 심한 불안과 절망을 느낍니다. 그것을 극복하기 위해 '마음을 닫는' 거예요.

일시적으로 '마음에 자물쇠를 거는 것'은 효과가 있습니다.

하지만 중요한 건 그 후에 제대로 자물쇠를 풀어야 한다는 거예요.

그때 중요한 것이 '이성적인 나'입니다.

에리카처럼 '되고 싶은 나'를 상상하고 '미래지향적인 징크스'를 도입하면서 자물쇠를 풀 열쇠를 찾아야 합니다.

'공허형' 심리 상태는 다른 사람이 보기에는 '한눈에 알 수 없다'는 것이 특징입니다.

그래서 누가 먼저 손을 내밀지 않습니다. 스스로 자기를 통제할 수밖에 없어요.

나는 괴로운데 주위에서는 "아무것도 안 하면서", "게으름 피우지 마"라고 하기도 합니다.

하지만 멍하니 있는 것은 나쁜 게 아닙니다.

'이성적인 나'가 앞으로 나아가기 위한 징크스를 잘 만들면 괜찮아요.

그 첫걸음은 무기력한 나를 보고 '머릿속이 망가졌군' 하고 깨닫는 것입니다.

# 내가 어떤 사람인지 모르겠어

―'자기동일형인 나'의 경우

제3장 망가진 머릿속을 극복한 6명의 이야기

제 지인인 모에(가명)는 플라멩코 강사로 활동하고 있습니다.

앞에서 이야기한 '공허형'과 비슷한데, 모에는 '나다움'을 발견해서 편안한 삶을 손에 넣게 된 케이스입니다.

모에는 대학을 졸업하고 일반 기업에 취직했지만, 지루한 일상을 보내면서 **'이대로 좋은가?'**라고 자문하며 고민했다고 합니다.

'나다움'을 발견하지 못한 채 머릿속이 망가질 것 같았어요.

그런 상황에서 무언가를 바꾸고 싶다는 생각에 다양한 나라를 여행해보기로 결심했습니다.

하지만 인생의 의미를 쉽게 찾을 수는 없었지요.

해외에 있어도 대부분의 시간은 국내에서 생활했을 때와 마찬가지로 마음이 잿빛이 된 기분이었다고 합니다.

## '나다움'은 어떻게 발견할까?

그러던 어느 날 모에는 스페인을 여행하던 중 감동적인 체험을 합니다.

바로 '플라멩코'를 직접 눈앞에서 본 것이었어요.

아름다운 춤에 매료된 것은 물론이고 **'저렇게 온몸으로 부드러운**

움직임을 느껴보고 싶다'는 생각에 사로잡혔습니다.

일본에 돌아온 후에도 그 감정은 사라지지 않았습니다.

사람들 대부분은 다시 일상생활로 돌아갈지도 모르지만 모에는 달랐습니다.

스페인어를 배우기 시작했고, '플라멩코' 유학이 있다는 것도 알아내서 일하며 돈을 모았습니다.

목표 금액을 달성하자 회사를 그만두고 플라멩코의 본고장인 스페인 세비야로 유학을 떠나 레슨을 받기로 했지요.

이처럼 대담한 행동에 나설 수 있던 것은 지식이 있었기 때문이 아닙니다.

무언가를 바꾸기 위해 해외여행을 떠나서, 숨소리가 들릴 정도로 박진감 넘치는 춤을 본 것이 바로 감동적인 체험이 된 거예요.

'플라멩코를 추고 있으면 나다움을 느낄 수 있다'고 모에는 무의식중에 '각성 체험'을 했습니다.

'나다움'이라는 것은 이처럼 예기치 못한 만남을 통해 발견하기도 합니다.

'나는 누구일까?'

'이대로 괜찮은 걸까….'

이런 '자기동일형' 심리 상태는 어떤 행동을 해서 감동하지 않으면 빠져나올 수 없습니다.

단순히 남이 "플라멩코 어때?"라고 권한다고 해서 감동 체험으로 이어지지 않아요.

인식하지 못하고 했던 행동으로 모에는 징크스의 마법에 걸렸던 것입니다.

이처럼 적어도 '나다움'은 계획대로 간단하게 찾을 수 없습니다.

이제까지 살펴본 다른 심리 상태의 예처럼 만들어낸 징크스만으로는 부족해요.

이때 과거의 경험이 중요해집니다.

85쪽에서는 '면접'을 예로 들었는데, 경험 제로에서 에피소드를 만들어낼 수는 없어요.

우선은 무언가를 해봐야 합니다. 그렇게 진입 장벽을 낮추는 것이 결과적으로 '나다움'을 발견하는 지름길이 됩니다.

그 후 모에는 플라멩코 강사로 일하며 인생을 순조롭게 보내고 있다고 해요.

이런 말을 들으면 '좋아하는 일을 직업으로 삼다니 행복하겠다'고 생각할지도 모릅니다.

모에는 그런 것을 찾는 데 성공했지만 많은 사람은 그렇지 않을 수도 있어요.

'좋아하는 것을 중심으로 취업 활동을 해서 그 업계에 들어갔는데 힘든 일이 많아. 하지만 좋아해서 고른 거니까 그만둘 수도 없어…'

이런 식으로 이성과 감정이 둘로 갈라져 있는 사람도 있을 거예요.

이때 모에의 성공에서 배울 것이 있습니다.

그녀는 직업으로 삼은 것도 물론이지만, 돈이 되지 않더라도 플라멩코에 관한 것이라면 앞장서서 할 정도로 플라멩코를 사랑했습니다.

무료로 거리 이벤트에 참가하고, 요양원 무대에도 서는 등 플라멩코를 출 기회라면 전부 받아들였습니다.

**이렇게까지 좋아한다면 '나다운 것'이라고 할 수 있을 거예요.**
하지만 그 정도의 마음이 없다면 일은 일이라고 선을 그으면 됩니다.

억지로 '이걸 좋아하고 이게 나다운 거니까…'라는 생각에 자기를 궁지로 몰면 주객전도라 할 수 있어요.

'나다움'을 발견하는 것도 중요하지만, 나답지 않은 건 포기하거나 나다움에 집착하지 않는 것도 마찬가지로 중요합니다.

모에처럼 '나다움'을 발견할 수 있다면 아주 단단한 '심지'를 만들 수 있지요. 모에 스스로도 "내 안에 아주 단단한 심이 있다는 게 느껴져요"라고 말했습니다.

그런 심지가 있다면 미래지향적인 징크스로 기능합니다. 설령 힘든 일이 있더라도 플라멩코를 추는 것 자체가 '각성 체험'이 되어서 이성적으로 살아갈 수 있어요.

## '자기동일형'을 위한 처방전

'나는 누구일까?'

한 번쯤 그런 고민을 한 적이 있을 겁니다.

아무리 '이성적인 나'로 생각해도 과거의 경험은 이길 수 없습니다.

해본 적 없는 일을 지식으로 보충해도 어쩔 수 없으니까요.

나다움을 모른 채 미아가 되어 머릿속이 뒤죽박죽인 사람에게는 '일단 밖에 나가서 무엇이든 보고 듣자'는 조언을 드릴 수밖에 없습니다.

그리고 '언젠가는 발견할 거야'라고 낙관하며 기다리는 거예요.

방랑을 좋아했던 소설가 헨리 밀러도 "목적지는 어떤 정해진 장소가 아니라 사물을 새로운 시각으로 보는 방법이다"라는 말을 남겼습니다.

움직이는 것 자체가 중요한 게 아니라, 그 결과 많은 것을 알게 된 새로운 나를 만날 수 있게 되는 곳이 바로 진정한 목적지입니다.

이렇게 발견한 '나다움'은 누가 뭐라고 해도 흔들리지 않습니다.

세상을 둘러보면 모에처럼 좋아하는 것을 발견해서 열정을 불태우는 사람을 많이 찾을 수 있을 거예요.

거기서 힌트를 얻읍시다.

하지만 남과 나를 비교하면서 '왜 난 안 되는 거야…' 하고 침울해하지 마세요.

실제로 만나면 분명 에너지를 얻게 될 거예요.

그러는 사이 감동 체험이 찾아옵니다.

제3장 망가진 머릿속을 극복한 6명의 이야기

# 내가 너무 짜증스러워

## —'폭발형인 나'의 경우

사무직 아르바이트생인 유키(가명)는 감정을 억제하지 못하고 다른 사람들 앞에서 울어버리는 것이 고민입니다.

책 앞머리에서도 직장에서 울음을 터뜨리는 여성의 고백을 소개했는데, 유키는 더욱 뿌리 깊은 감정에 대처해서 마지막에는 자신을 바꾸는 데 성공한 사람입니다.

주위 사람들은 유키를 보고 어른스럽다는 인상을 받습니다.

유키는 조금 내성적이지만 친구도 있고 특별히 괴롭힘을 당한 적도 없습니다.

어느 날, 업무 중 큰 실수를 해서 동료의 도움을 받게 되었습니다.

"괜찮아요."

그런 말을 들은 순간 눈물이 왈칵 났습니다.

혼자 집에 있을 때는 울지 않는데 남 앞에서 울게 되는 것입니다.

그런 자신이 너무 싫어서 자기에 대한 화가 폭발하면 눈물은 더욱 멈추지 않는다고 합니다.

직장 사람들을 볼 낯이 없었습니다. 아침에 일어나지 못한 어느 날 결국 무단결근을 하고 말았습니다. 그날 이후 회사에 나가는 것이 너무도 무서워졌습니다.

쉬는 일이 잦아졌고 결국 회사를 그만두었습니다. 수입이 줄었지요. 모아두었던 돈과 부모님의 원조로 간신히 생활을 이어갔습니다.

제가 유키를 만난 것은 그 후였습니다.

부모님이나 친구에게도 사람들 앞에서 우는 것이 고민이라고 털어놓지 못한 채 정신과에 상담을 온 거였어요.

## '감정의 폭발'을 어떻게 막을까?

이야기를 듣는 사이 유키에게 필요한 것과 그녀가 울어버리는 이유를 파악할 수 있었습니다.

하지만 그것만으로는 책머리의 여성처럼 '각성 체험'에 이르지 못했습니다.

아무리 정신과 의사가 "이렇게 해야 합니다", "여기가 이상합니다"라고 지적해도 '강요받는 느낌이 강한' 상태에서 사람은 변하지 않으니까요.

이럴 때도 중요한 것은 하나씩 하나씩 징크스를 만들 수 있게 돕는 일입니다.

유키는 자신의 이상적인 모습을 좀처럼 상상하지 못했습니다.

"그런 것까지는 아직 생각 못 하겠어요. 힘들어요."

이렇게 거부해버렸어요.

그래서 시간을 들여 감정을 조금씩 안정시킨 후에 이렇게 물었습니다.

**"만약 회사에서 울지 않게 되면 그 후로는 어떨 것 같나요?"**

여기서부터 상상을 시작해보기로 했습니다.

"음… 그렇게 된다면 가족으로부터 경제적으로 독립해서 생활할 수 있을 것 같아요."

유키는 이렇게 이상을 이야기하기 시작했습니다.


아무래도 유키는 부모님에게 자꾸 기대는 자기가 너무도 싫은 모양이었습니다.

부모님은 매우 다정한 분들로, 어릴 때부터 무슨 말을 해도 부정한 적이 없고 모두 받아주었다고 합니다.

그런 만큼 **'자립해서 언젠가 효도하고 싶다'**는 그녀 나름의 '되고 싶은 나'가 보이기 시작했습니다.


그렇게 부모님 이야기를 할 때 유키는 제 앞에서 몇 번이고 눈물을 글썽였습니다.

이상적인 나와 지금의 나를 비교하니까 그 격차에 질려서 눈물이 나온다고 했습니다.

여기까지 이야기한 후 감정이 폭발하는 계기가 어디에 있는지 다음 일주일 동안 생활하며 '숫자'로 되돌아보기로 했습니다.

'하루 동안 운 횟수'

'전날 수면시간'

'구체적인 업무량'

'부모님에게 전화를 건 횟수'

…

숫자로 표현할 수 있는 정보를 정리해서 일주일 동안 일어난 일을 가능한 한 자세하게 적어달라고 했습니다.

그러자 그녀가 울음을 터뜨리는 계기가 될 법한 습관이 보이기 시작했습니다.

**'부모님과 전화한 다음 날에는 직장에서 운다.'**

이런 특징이 있던 거예요.

유키는 혼자 살면서 돈을 받는 형편에도 죄책감을 느낀다며, 일하러 가지 못한다는 말도 못 꺼내고 얼버무리고 있다고 털어놓았어요.

어떤 사람이든 여유가 사라지고 불쾌한 일이 이어지면 짜증이 나기 마련입니다.

그렇게 계속 짜증이 날 때 어떤 계기로 감정이 폭발하는 거지요.

'이성적인 나'가 '감정적인 나'를 통제하지 못하게 되는 순간입니다.

유키는 평소 부모님에게 느끼고 있던 미안함과 자책의 감정이 쌓이고 쌓여서 '부모님과 전화하면서 거짓말했다'는 사실이 문제의 '계기(점화제)'가 됐다는 것을 깨달았습니다.

하지만 부모님과 전화하는 동안에는 편안함을 느낀다고 했습니다.

억지로 전화를 그만두게 할 수는 없었어요.

감정이 폭발하는 계기를 정리한 후에 유키에게 징크스 만들기를 추천했습니다.

유키가 가장 초조함을 느끼는 부분은 '부모님에게 계속 거짓말을 하는 것'이었습니다.

'부모님께 숨기지 말고 솔직하게 이야기할 것'을 권해보았지만 유키는 당혹스러워하며 강한 거부감을 보였습니다.

"그러는 편이 좋다는 건 알아요. 하지만 거짓말을 한 게 부끄러워서 절대로 말 못 하겠어요…"

이렇게 말했습니다.

'이성적인 나'는 이대로는 안 된다는 것을 알고 있는 듯했습니다.

이제 징크스 만들기가 나설 차례입니다.

부모님에게 전화를 걸기 전에 긍정적인 영향을 줄 무언가를 할 수 없을지 생각해보기로 했습니다.

"큰 소리를 내면 마음이 조금 편해질 것 같아요. 좋아하는 노래를 한 곡 부른 다음에 전화하겠습니다. 그러면 부모님한테 진실을 털어놓을 수 있을지도 몰라요."

이렇게 미래지향적인 징크스가 만들어졌습니다.


유키의 말대로 사람은 큰 소리를 내면 마음도 대범해집니다.

그렇다고 하루아침에 진실을 털어놓을 수는 없는 노릇입니다.

대신 그녀는 노래를 부른 다음에는 평소보다 자연스러운 마음으로 이야기를 할 수 있었다고 합니다.

어머니가 "평소보다 씩씩하네"라고 말해준 것이 유키에겐 큰 격려가 되었습니다.

징크스를 반복하는 사이 유키는 자기의 거짓말을 털어놓을 수 있게 되었습니다.

**징크스를 통해 편해지는 감각을 반복해 느끼면서 거짓말을 털어놓은 후의 모습을 상상할 수 있게 된 겁니다.**

다정한 부모님은 딸의 고백을 있는 그대로 받아들이고 "너무 무리하지 마"라고 말해주셨습니다.

나중에 들으니 부모님 역시 유키가 일을 나가지 않는 것 같다고 어렴풋이 느끼고 있었다고 합니다.

하지만 거짓말을 추궁하지 않고 딸의 감정을 배려했던 거예요.

징크스를 만든 결과 유키의 이성적인 자아가 감정을 통제할 수 있게 되었습니다.

**정말로 하고 싶었던 일을 해서 큰 자신감을 얻은 거예요.**

그런 '각성 체험'을 통해 초조함이 감소하고 오랜만에 푹 잠들 수 있었다고 합니다.

그 후로도 징크스는 계속 유지하기로 했습니다.

얼마 후 유키는 부모님 곁으로 돌아가서 본가 근처 회사에 다시 취직할 수 있었습니다.

남은 문제는 '울어버린다'는 고민입니다.

일하다가 큰 소리로 노래할 수는 없으니까, 노래하는 요령으로 크게 "후우~" 하고 숨을 뱉어서 호흡근을 제대로 움직인 다음 긴장되는 일을 하기로 했습니다.

유키는 징크스 덕분에 손에 넣은 자신감의 힘으로 '이성적인 나'로 존재할 수 있게 됐다고 이야기합니다.

징크스를 통해 감정을 통제하는 데 성공한 것입니다.

또 '실패해도 괜찮다'는 가치관도 갖게 되었습니다.

누가 시켜서가 아니라 스스로 발견한 깨달음과 스스로 느낀 경험이 있기에 가능했지요.

## '폭발형'을 위한 처방전

초조함 때문에 감정이 폭발하는 것은 꼭 성격 탓일까요?

그렇지 않습니다. **'자동 사고'의 영향이 너무 강하기 때문**이지요.

과거에 강렬한 트라우마가 있는 경우, 비슷한 상황에 부닥치면 반사적으로 화를 내거나 울어버릴 수 있습니다.

이런 경우 자동 사고의 영향을 받기 쉬우니까 더욱 '이성적인 나'로 감정을 통제할 수 있어야 장차 편안한 삶을 보낼 수 있습니다.

'앵거 매니지먼트'라는 방법도 있습니다. 다만 이 방법에는 '감정의 계기를 발견한다'는 관점이 빠져 있으므로 제 생각에는 지속하기 어려워 보입니다.

'방법은 알아도 금방 그만둔다'는 말도 자주 듣습니다.

아마도 남이 '시키는' 방법을 따른다는 느낌이 드는 것과 크게 관련이 있을 겁니다.

이 책 제2장에서도 방법론을 이야기했지요. 왜 그 방법을 쓰는가, 어떻게 그 방법을 쓰는가를 먼저 여러분에게 제대로 설명하고 이해받은 후 나아갈 수 있도록 했습니다.

물론 중요한 것은 이론이 아니라 그 이론을 믿을 수 있는 까닭과, '스스로' 한다는 느낌을 얻을 수 있는지의 여부입니다.

예전에 수소 분자가 녹아 있는 물이 '수소수'라 불리며 건강에 좋다고 유행했던 적이 있습니다.

여기서 그 효과를 검증하지는 않겠지만, 수소수를 마셔서 '건강해졌다', '컨디션이 좋아졌다'고 실감하며 그 효과를 진심으로 믿는 사람들도 있었습니다.

그러나 나중에 밝혀진 임상 데이터에서는 뚜렷한 효과가 나타나지 않았습니다.

다만 수소수의 효과를 믿고 계속 마셔서 정말 좋아졌다고 느끼는 사람이 있었던 것도 사실입니다.

이런 현상은 '플라세보 효과'라는 이름으로 널리 알려져 있습니다.

의사가 약이라고 처방해주면 그냥 설탕을 먹어도 컨디션이 좋아진 느낌이 듭니다.

사람에 따라서는 정말로 병이 낫기도 합니다. 착각에는 큰 힘이 있다는 것이 과학적으로도 증명된 거지요.

즉 '이성적인 나'가 '감정적인 나'에게 '플라세보 효과'를 줄 수 있다면, 불안정한 심리 상태에 있는 사람은 큰 효과를 얻을 수 있을 거예요.

이 책 제2장의 방법은 그런 효과도 염두에 두고 있습니다.

'일단 심호흡을 하면 잘 말할 수 있다.'

'스마트폰 바탕화면 속 가족 사진을 보면 긴장이 풀린다.'

'손목에 감은 고무줄을 당기면 업무 모드에 들어간다.'

…

결국 해법은 내가 믿는 징크스를 얼마나 철저하게 지키느냐에 달려 있습니다.

그리고 성공이나 실패와 상관없이 **징크스를 실천한 나 자신을 칭찬** 합시다.

조금이라도 빨리 이런 경험을 시작하는 것이 좋습니다.

제3장 망가진 머릿속을 극복한 6명의 이야기

# 인간관계
# 리셋 증후군인지도
# 몰라
## ―'자기파괴형인 나'의 경우

다쓰야(가명)는 연락을 끊어버리는 버릇이 있었습니다.

들어가는 말에서도 언급했듯 '인간관계 리셋 증후군'이라는 말이 유행합니다. 하지만 이것이 정식 병명은 아닙니다.
스트레스가 쌓이거나 울적해지면 지금까지의 인간관계나 사회와의 연결 고리를 끊어버리는 것, 그런 **'초기화하는 버릇'**이 있는 상태를 가리키는 말이지요.
어떤 사람이든 귀찮은 인간관계 하나둘쯤은 떠오를 거예요.
하지만 다쓰야는 단순한 '인간관계 정리'를 넘어, 인간관계를 끊기 위해 회사를 그만두고, 스마트폰에 저장돼 있던 연락처나 SNS 계정, 사용 이력까지 사회와 이어지는 것이 있으면 전부 다 지워버렸습니다.

다쓰야에게는 '친구가 잘 안 생긴다'는 고민이 있었습니다.
정확하게 말하면 **'타인과의 관계가 오래 지속되지 않는다'**는 것이었습니다.

그는 중학교를 졸업했을 때의 일을 예로 들었습니다.
당시 학교에 사이가 좋았던 친구들이 있었는데, 그가 먼저 갑작스레 친구들과 연락을 끊어버렸다는 것입니다.

거리에서 그 친구들과 우연히 마주쳤을 때 "왜?", "어째서?"라는 질문을 받았지만 잘 설명할 수 없었습니다.

"어쩐지 만나고 싶지 않은 기분이라…."

그는 그때를 돌아보면 **"한번 끝난 관계라고 생각하면 어쩐지 만나기 껄끄러운 감정이 강해집니다"**라고 이야기했어요.


그런 고민은 사회인이 된 후에도 이어졌습니다.

다쓰야는 회사에서 부서 이동을 한 후 전 부서 사람들과 연락하기가 껄끄러워졌다고 말했습니다.

부서가 바뀌어도 같은 회사니까 엘리베이터 같은 곳에서 얼굴을 마주칠 때가 있습니다.

그러면 먼저 말을 걸지 못하고, 상대가 말을 걸어도 오래 이어지지 않게 했습니다.

그러는 사이 전 부서 동료도 어색함을 느끼고 멀어지게 되었습니다.


한편 가족에게 이런 감정을 느낀 적은 없다고 합니다.

친구나 회사 동료, 연인에게만 어떤 계기가 있으면 먼저 거리를 두는 것입니다.

다쓰야는 좀처럼 인간관계를 쌓아가지 못하는 자기 자신에게 불안을 느끼는 것 같았습니다.

## '친구'는 어떻게 만들까?

머릿속으로 '이대로는 안 된다'고 이해하고 있는 것과는 별개로 이미 다쓰야의 감정은 '만나고 싶지 않다'고 느끼고 맙니다.

이런 이도 저도 아닌 상태가 머릿속이 망가졌을 때의 특징입니다.

우선은 '머릿속이 망가졌어!'라고 깨달은 다음 '각성을 위한 단계'를 실천했습니다.

단계 1은 **'인간관계를 끊지 않는 내가 되고 싶다'**는 목표를 세워서 무난하게 통과했습니다.

문제는 단계 2였습니다. 계기가 무엇인지 자기 행동을 '수치화'해서 발견할 필요가 있었습니다.

다쓰야는 이제까지의 인생을 돌아보고 **'초기화를 한 횟수'**를 세어보기로 했습니다.

처음에는 중학생 시절에서 시작했습니다. 고등학교, 대학교, 대학원, 전 직장, 지금 직장(2회). 이렇게 7회 이상 초기화를 했습니다.

초기화를 하나씩 떠올리면서 리셋하기 전의 행동을 떠올려보기로 했습니다.

'언제부터 만나고 싶지 않다고 느꼈는가?'

'만나고 싶지 않다고 느꼈던 날 스케줄에 변화가 있었는가?'

'그 밖에 돈 씀씀이나 취미 시간에 변화가 있었는가?'

'혼자 있는 시간은 어느 정도인가?'

…

이렇게 숫자를 좇는 사이 '만나고 싶지 않다'고 느끼는 것이 **'물리적 이동을 의식했을 때'**와 관계가 있다는 것이 어렴풋이 보이기 시작했습니다.

예를 들면 그는 중학교를 졸업할 무렵, 고등학교 입시 결과가 나온 시점부터 '만나고 싶지 않다'고 느꼈습니다.

회사에서도 부서 이동 당일이 아니라 부서 이동을 전달받았을 때 '관계를 끊고 싶다'는 기분이 나타났다고 합니다.

168쪽의 '의존형'과 마찬가지로 '이 사람들과 헤어져야 한다'고 느끼자 공포가 밀려와서 자기를 지키려고 한 것입니다.

인간관계에 다른 고민은 없는지 묻자 질투심에 대한 이야기가 돌아왔습니다.

"아마 초등학생 때일 거예요. 친한 친구가 다른 반 아이들과 사이좋게 노는 것을 보았을 때, 절대로 용서할 수 없었어요. 그날 밤은 화가 나서 잠도 안 올 정도였어요."

같은 기분을 대학 시절 친구에게도 느꼈습니다.

친구가 SNS에 결혼을 알리며 행복해하는 모습을 보자 상처받은 기분이 들었습니다.

그래서 **내가 상처를 입을 바에야 먼저 관계를 끊는 것이 낫겠다**고 생각하게 되는 경향이 있었던 겁니다.

즉 나의 마음을 지키기 위해 인간관계를 초기화하는 버릇이 작동하는 거예요.

그것을 알게 되었으니 다쓰야는 이 버릇을 고쳐야 할까요?

다쓰야는 인간관계 초기화가 본인을 상처 입힐 수도 있는 것들로부터 자신을 지키기 위한 방어 수단임을 알고, **'억지로 이 버릇을 고치려고**

**하면 더 괴로워지는 것 아닐까?'** 하고 생각하게 되었습니다.

그런 마음이 싹튼 것은 기뻐할 만한 일입니다.

이제까지 싫어했던 나의 일면을 긍정적으로 볼 수 있는 새로운 관점을 깨달았기 때문이지요.

제3의 길로서 더 편한 마음으로 살 방법을 생각해보기로 했습니다.

다쓰야가 안고 있는 고민의 본질은 '오랫동안 알고 지내는 친구가 필요하다'였습니다.

초기화하는 버릇 자체를 없애는 것은 일단 보류하고 **'초기화한 관계라도 되돌릴 수 있다'** 는 관점에서 친구를 만드는 데 도움이 되는 징크스를 생각했습니다.

다쓰야는 다음과 같은 징크스를 생각했습니다.

**'좋아하는 북카페에서 점심을 먹은 다음 오후에 지인에게 말을 건다.'**

이 징크스에는 그 나름대로 논리가 있었습니다.

"오전에는 모두 바빠서 긴장하고 있지만 오후가 되면 말을 걸기 조금 쉬워진다."

"북카페에서 새로운 지식을 얻으면 다른 사람에게 말할 화제를 발견할 수 있다."

"북카페 주인이 말하기 편한 사람이라 말 걸기 예행연습이 된다."

이처럼 고개를 끄덕일 만한 이유를 생각할 수 있었습니다.

이제 징크스를 생활에 도입해보았습니다.

점심 식사 후 실제로 지인과 만나서 편안하게 이야기할 수 있었고, 점점 '만나고 싶지 않다'는 감정도 수그러들었다고 합니다.

미리 북카페에서 타인과 이야기를 나누기 위한 이미지 트레이닝을 한 것이 먼저 말을 걸 때의 심리적 장애물을 낮추었다고도 말했습니다.

그렇게 징크스를 쌓아 올려서 이윽고 관계를 끊어버렸던 전 동료에게도 말을 걸었을 때, 내면에서 '괜찮아'라는 감각이 싹텄습니다.

그 후에 관계를 다시 초기화하고 싶다는 감정이 올라오는 일은 없었습니다.

다쓰야의 경우 '인간관계 리셋 증후군'이라는 명칭에 사로잡혀 그것을 고치는 대신, **'사람과 가볍게 이야기하고 싶다'는 본질적인 문제와 마주한 것**이 중요했습니다.

새로운 교우 관계를 만들고 인간관계를 통해 나를 재충전하는 새로운 수단을 발견함으로써 타인과 이야기를 나누는 일의 즐거움을 발견했습니다.

이렇게 각성을 체험하면 '이성적인 나'가 '감정적인 나'를 통제할 수 있게 되지요.

인간관계를 초기화하는 버릇뿐 아니라 자학이나 자책은 말하자면 '정신적인 손목 긋기'입니다.

그 순간만은 잠깐 편해질 수도 있어요.

그래서 더욱 중독성이 있습니다.

'그만둘 수 없어', '멈출 수가 없어', '사방이 다 벽이야'라고 느낄 때는 98쪽 실험의 침팬지처럼 **다른 편한 길이 눈에 들어오지 않는 경우**가 있습니다.

그 길을 발견하기 위해서는 '머릿속이 망가졌어'라고 깨닫고 현재 상태를 긍정적으로 파악해보아야 합니다.

## '자기파괴형'을 위한 처방전

사람은 인생에 무의미한 시간이 생기는 것을 매우 싫어합니다.
"아무것도 안 하고 한 시간 동안 멍하니 있으세요."
누가 이렇게 시킨다면 대부분 불가능할 거예요.
당장 스마트폰으로 손을 뻗을 겁니다.

시간이 이 정도로 중요하다는 사실을 '이성적인 나'는 이해하고 있습니다.
하지만 알고 있어도 낭비해버리는 게 인간이기도 합니다.
'담배는 몸에 나쁘다'는 것을 모르고 피우는 사람은 없을 테니까요.
그와 마찬가지로 '자기파괴적인 행동을 멈출 수 없다', '나에게 상처 입히는 것을 그만둘 수 없다'는 '자기파괴형' 심리 상태는 인간의 약한 부분에 드러납니다.

'자기파괴'라는 말만 보면 아주 무섭게 느껴질 수 있습니다.
하지만 사실은 누구나 **'가벼운 자기파괴'**를 저지르고 있습니다.

의미도 없이 인터넷 서핑을 하고 잡담하는 시간도 넓은 의미에서 보면 '생명을 낭비'하는 행위이니 자기파괴라고 할 수 있지요.

가벼우면 '스트레스 해소'가 되겠지만, '이것밖에 없어!'라는 감정 때문에 정도가 심해지면 '자기파괴'로 치닫는 심리 상태입니다.

손목 긋기나 과도한 알코올 섭취, 카드 한도를 위협하는 쇼핑….

생활에 큰 지장을 준다면 치료가 필요한 병입니다.

하지만 이 책을 읽고 있는 독자 중에는 그 전 단계에서 고민하는 분들이 많을 것입니다.

그렇다면 '이성적인 나'로 통제하는 기술을 익히길 바랍니다.

정신과 의사로서 진심으로 그렇게 바랍니다.

자포자기한 채 습관적으로 술을 마시는 사람도 사실 우리와 아무 상관이 없다고 할 수는 없습니다.

무슨 까닭이 있어서 한순간의 안락함을 얻기 위해 그렇게 되었다고 생각해보세요.

우리는 다른 사람이 대상이면 언제든 '이성적인 자아'로 조언할 수 있습니다.

"과음은 안 좋아."

"담배는 몸에 나빠."

간단히 말할 수 있지요.

하지만 중요한 것은 나 자신을 이해시킬 방법입니다.

지금까지 제3장에서는 6명의 사례를 소개했습니다.

모두 제가 이제까지 만난 사람들 중 개인을 특정할 수 없는 범위에서 썼습니다.

이 6명의 이야기를 몸으로 느낀 후

'나와는 다르다'고 생각할 것인가,

아니면 '나에게도 비슷한 부분이 있어'라고 생각할 것인가.

만약 후자라면 여러분은 반드시 자신을 편안한 인생으로 이끌 수 있습니다.

제 **4** 장

# 만만치 않은 '감정적인 나'에게 대처하는 법

제4장 만만치 않은 '감정적인 나'에게 대처하는 법

# 그럼에도
# 나쁜 쪽으로
# 치닫는 당신에게

머릿속이 망가지려 하는 나를 바꾸기 위해서는 이성적인 내가 징크스를 만들고 감정을 통제하며 '각성'을 체험하는 것이 중요합니다. 지금까지 말한 내용이지요.

하지만 그러한 '각성 체험'은 매우 유익한 한편, '잘못 활용하면 부정적인 효과를 강화시킨다'는 것에 대해서도 언급해두려고 합니다.

왜냐하면 제2장에서 말한 '징크스의 마법'이 마이너스 방향으로 작용하면 오히려 부정적인 신념을 강화시킬 우려가 있기 때문입니다.

"나는 '절대로' 행복해질 수 없어!"
"앞으로의 인생에서 나는 '절대로' 성공하지 못할 거야!"
"나한테는 '절대로' 전성기가 오지 않아!"

이처럼 자포자기하는 마음을 더욱 고착시키는 것입니다.

특히 학대나 가정폭력, 집단 괴롭힘, 실연 등 강한 트라우마 체험이 있으면 징크스가 그런 경험과 결합하여 부정적인 각성으로 이끕니다.

예를 들어 술을 마시고 '편해졌다'고 느낀 적이 있을 거예요.

직장에서 질타당하고, 친구 사이에 불쾌한 일을 겪는 등 스트레스를 받은 날 '거하게 마시자!'는 마음으로 술로 피로를 푸는 겁니다.

그로 인해 일시적인 고민과 불안, 스트레스가 해소되고 다음 날 '좋아, 다시 힘내자'라고 기분을 바꿀 수 있다면 아무 문제 없지요.

하지만 이런 경험이 습관화될 수도 있습니다.

"스트레스가 쌓였으니까 술을 마셔야 한다. 술이 없으면 살아갈 수 없다. 술만이 인생의 낙이다."

이렇게 의존하게 되어 건강을 해친다면 주객전도입니다.

이럴 때 뇌에서는 어떤 일이 일어나고 있을까요?

처음에는 '이성적인 나'가 '술을 마시면 스트레스가 풀린다'라고 생각했을 겁니다.

하지만 어느새 '이 이상 마시면 안 돼'라는 '이성적인 나'의 목소리는 내면에 닿지 않게 되고, '감정적인 나'가 '좀 더 마시고 싶다', '현실을 잊고 싶다'는 생각으로 발전시켜버린 거예요.

이처럼 이성적으로 시작한 일인데도 나쁜 쪽으로 이어지는 순간이 다양한 상황에서 보입니다. 이성에게 심한 말을 듣고 '모든 이성은 나의 적이다'라는 생각에 빠지거나, 좋아하는 사람에게 구원받고서 '날 때린다 해도 헤어지고 싶지 않아'라며 깊게 믿어버리기도 하지요.

이런 순간을 알아차리려면 **'이성적인 나'가 '더 이상은 안 돼'라고 깨달을 수 있는지**가 중요합니다.

이번 장에서는 자꾸 나쁜 쪽으로 각성하는 사람을 위하여, 결코 만만치 않은 '감정적인 나'에게 대처하는 방법을 소개합니다.

제4장 만만치 않은 '감정적인 나'에게 대처하는 법

# '나는 이런 인간이야'라는 강한 착각의 말로

'각성 체험'이라는 것은 이성이 감정을 통제할 수 있을 때 일어나는 감동 체험입니다.

머리로 이해하는 것에 그치지 않고 실제로 해보고 좋은 결과가 나오면, '무슨 논리가 있는 것은 아니지만 어쩐지 다음에도 잘될 것 같아'라고 느낄 것입니다.

예를 들어 회사 식당 메뉴로 카레가 나온 날 우연히 일이 잘 풀렸다고 합시다.

이런 우연이 두세 번 이어지면 **'카레를 먹은 날은 일이 잘 풀린다'**는 징크스가 무의식에 싹틀 거예요.

'어쩐지 잘될 것 같다'는 효과 덕분에 자신감이 붙고 업무 의욕도 높아집니다.

그런데 이 징크스에 너무 집착하면 어떻게 될까요?

**"오늘은 깜박하고 카레를 안 먹었으니까 분명 일이 꼬일 거야."**

이렇게 나쁜 방향으로 향하게 됩니다.

바로 **징크스가 마이너스 방향으로 연동되는 순간**이지요.

카레에만 정신이 팔려서 일이 손에 잡히지 않고, 정말 실패를 불러오게 됩니다.

더 나아지기 위해 만든 징크스가 자기도 모르는 새 새로운 마음의 병을 불러오는 일도 있는 거예요.

## 과거의 성공 체험을 잊지 못하는 사람

부정적인 징크스 때문에 고립을 경험한 한 교사의 사례를 들려드리겠습니다.

경험 많은 중학교 교사인 쇼고(가명)는 '학생은 때려서 지도해야 한다'는 생각 습관이 있었습니다.

몇십 년 전, 아직 신입 교사였을 무렵에는 말썽꾸러기 학생들한테 얕보이는 일이 많았다고 해요.

학생들은 수업 중에 소란을 피우기 일쑤였고, 주의하면 무시당하는 등 그는 제대로 수업을 끌어나갈 수 없었습니다.

그때 어느 베테랑 교사가 이렇게 충고했습니다.

"말 안 듣는 학생은 때릴 수밖에 없어."

이것을 계기로 쇼고에게는 **'말을 안 듣는 학생은 때려서 고친다'**는 징크스가 생기고 말았습니다.

  학생들은 쇼고를 두려워하게 되었습니다. 당시에는 '문제아가 많은 학년을 바꾼 대단한 교사'로 지역사회에서도 유명해졌다고 합니다.
  논리적으로 설명되는 징크스, 행동으로 얻은 보상 때문에 쇼고의 내면에서는 '학생은 엄격하게 지도해야 한다'는 각성 체험이 일어난 것입니다.
  그 징크스가 강한 영향을 미쳐서 쇼고에게는 학생뿐 아니라 가족이나 후배 교사에게도 엄격한 지도를 하는 버릇이 붙었습니다.

  시간이 흘러 쇼고는 베테랑 교사라 불릴 만한 나이가 되었습니다.
  아시다시피 이제는 교사의 폭력을 두고 보지 않는 시대가 되었지요.
  그러자 갑자기 **모든 것이 뒤틀리기 시작**했습니다.
  학생의 스마트폰을 압수해서 보호자와 문제가 생기고, 큰소리로 주의를 주었더니 협박을 했다는 항의가 들어왔습니다. 교사들 사이에서도 직장 내 괴롭힘의 가해자 취급을 받기도 했습니다.
  집에서도 서로 충돌하는 일이 많아졌습니다.

직장에도, 집에도 있을 곳이 없다….

쇼고가 징크스를 믿은 결과 도달한 미래는 비참했습니다.

아무한테도 기대받지 못하고, 구제 불능으로 낙인찍혔습니다. 점점 자기를 '필요 없는 인간'이라고 느끼며 절망했지요.

## 낡은 가치관도 다시 쓸 수 있다

쇼고의 이야기를 듣고 어떤 생각이 들었나요?

'옛날 사람의 가치관은 어쩔 수 없다'고 생각했을지도 모릅니다.

하지만 많든 적든 쇼고처럼 과거의 성공 체험으로 형성된 가치관에 묶여서 인생에 피곤함을 느끼는 일은 흔할 겁니다.

여러분이 지금 당연하다고 생각하는 것도 몇 년 후에는 기묘한 행동이 될지도 모르지요.

이 책에서 제시한 징크스도 언젠가는 내려놓아야 할 때가 올 수도 있습니다.

하지만 괜찮습니다.

그때가 와도 다시 한번 자기에게 깨달을 기회를 주면 계속 바뀔 수 있으니까요.

조금 전 소개한 베테랑 교사에게 부족했던 것은 어떻게 징크스가 만들어졌는지를 깨닫지 못했다는 점입니다.

과거에 우연히 성공한 '폭력'을 그는 자각 없이 받아들인 것이지요.

'이성적인 나'가 다른 징크스 역시 만들어낼 수 있다는 것을 깨달았다면 다른 교육법도 스스럼없이 시도할 수 있었을 겁니다.

**어떤 사람이라도 언제든 좋은 방향으로 각성 체험을 만들어낼 수 있습니다.**

예를 들면 교육서를 읽고 이성적으로 받아들일 수 있는 방법을 실천해서, 학생들이나 보호자들에게 **'첫인상은 무서워 보였는데 알고 보니 말이 통하는 좋은 선생님이다'**라는 평가를 받았다면 분명 변할 수 있었을 겁니다.

나쁜 징크스를 버리는 데에는 언제나 미래지향적인 징크스가 효과적입니다.

우선은 그것이 부정적인 나를 바꾸기 위한 첫걸음임을 인식합시다.

제4장 만만치 않은 '감정적인 나'에게 대처하는 법

# '열등의식'을 마주하기 위해 해야 할 일

"나는 ○○을 잘 못해."

이렇게 어떤 일에 열등의식을 가질 때가 있습니다.

그런데 정말로 못할 수도 있지만, 솔직히 말해 실제 이상으로 '못한다'고 믿고 있지는 않나요?

사실 어떤 일을 거부할 때는 '그러는 편이 편하니까'라고 생각하는 면도 있을 거예요.

누가 추천한 게임을 조금 해보았는데 잘 못할 때, '난 원래 게임 잘 못해' 하고 금방 포기할 수도 있습니다.

물론 그렇게 결정하는 것도 인생을 쉽게 사는 방법입니다. 하지만 가끔은 직시해야만 할 때도 있습니다.


이성과의 문제도 그런 예입니다.


"여자애가 기분 나쁘다며 피했어요."
"외모를 무시당한 이후 남자랑은 말 못 하겠어요."


이렇듯 학창 시절의 트라우마로 인해 '이성은 불편하다'는 열등의식이 생깁니다.

하지만 어른이 된 후에도 그 상태로 괜찮을까요?

아마 어느 시점에서 시련이 찾아와 그런 상처를 극복해야 할 겁니다.

어쩌면 회사에 괜히 불편한 사람이 있을 수도 있어요.

그때도 마찬가지입니다. 어쨌든 현장에서는 함께 일을 해야 합니다.

'불편하다'고 정해버린 일을 계속 피해 다닐 수 있을 만큼 인생은 간단하지 않아요.

## '거부 반응'을 뛰어넘기 위해서는

일단 '못하는 것'으로 간주하고 거부하면 나를 지킬 수 있습니다.

하지만 그 때문에 문제가 더욱 복잡해지는 경우가 있습니다.

예를 들면 '싸운 다음 화해하기'의 순간입니다.

싸운 상대가 "미안해" 하고 다가왔을 때, 머리로는 용서하고 싶은데도 차갑게 대응한 적 없나요?

'사실은 용서하고 편해지고 싶은데….'

 감정이 '이성적인 나'를 받아들이지 못하고 반사적으로 거부하고 마는 거예요.

 이렇게 이성과 감정이 맞아떨어지지 못하고 머릿속이 망가진 상태를 악화시키고 말았을 때, 어떤 일이 벌어질까요?

 이성과 감정의 괴리 때문에 괴로워지면 사람은 '왜 이렇게 되었을까?'라며 고민하고 받아들일 만한 대답을 찾으려고 합니다.

 '나는 원래 친구가 안 생겨.'
 '난 원래 ○○ 출신을 싫어해.'

'**연애는 나랑 안 맞아.**'

이렇게 포기하거나 미리 결론 내립니다.
이성이 부정적인 생각을 하며 감정을 정리해버리는 거예요.

물론 이런 응급처치가 마음을 편안하게 만들 수 있습니다.
하지만 시간이 지나면 이성은 '이대로는 안 돼'라고 생각하게 됩니다.
그래요. **어디까지나 '응급처치는 단발성'입니다.**

101쪽에서 말했듯 제3자의 관점에서 자기에 관해 써보면 잘 알 수 있습니다.
마음이 어느 정도 가라앉으면 역시 '이성적인 나'가 미래지향적인 징크스를 만들어 열등의식을 직시해야 합니다.

여러분이 느끼고 있는 열등의식이 '영어를 못해'와 같은 것이라고 생각해보면 어떨까요?
'영어로 말을 못한다.'
'영어가 약점이다.'

많은 분들이 이렇게 생각합니다.

하지만 영어권에 사는 사람은 영어를 말할 수 있는 것이 당연하겠지요.

만약 회사에 우리말을 할 줄 아는 영어권 출신 외국인이 온다면 어떨까요?

아니면 여러분이 사랑에 빠진 상대가 그렇다면요?

영어로 말하는 사람을 가까이하는 사이 '영어도 익숙해지면 별거 아니구나'라고 의식이 바뀔 거예요.

열등의식이나 공포심은 **'어떻게든 될 거야'라는 믿음**이 계기가 되면 점차 극복할 수 있습니다.

그러므로 '각성 체험' 단계 1은 '되고 싶은 나를 자유롭게 상상하기'부터 시작하는 거예요.

아무리 영어를 못해도 우선은 '해외에서 활약하는 나'를 상상하는 것이 우선입니다.

지금 당신 안에 있는 열등의식에 대해서도 똑같이 말할 수 있어요.

응급처치 후에는 이런 순서로 천천히 생각해보길 바랍니다.

제4장 만만치 않은 '감정적인 나'에게 대처하는 법

# '감정을 죽이는 것'과 '감정을 통제하는 것'의 차이

여기까지 읽고 거부 반응이 나올 수도 있습니다.

'그건 이성으로 감정을 죽이는 것과 마찬가지잖아!'

혹시 이런 생각이 머릿속을 스쳐 지나가지 않았나요?

누구에게나 감정과 이성이 있습니다.

이 두 가지가 마치 시소를 타듯 머릿속에서 균형을 잡고 있지요.

계속 한쪽으로 치우쳐 있는 것이 아니라 늘 교대로 올라갔다 내려가기를 반복하고 있습니다.

이 말은 즉 누구에게나 '이성을 되찾는 순간'이 분명 찾아온다는 뜻입니다.

이 책은 그 순간을 포착해서 어떻게 생각하고 어떤 단계를 밟아야 하는지 해설하고 있습니다.

지금 여러분이 이렇게 독서하는 시간은 특히 '이성'이 움직이고 있다고 할 수 있습니다.

이성이 우위에 서 있을 때 이 책의 내용을 실천해보시길 바랍니다.

## 제4장 만만치 않은 '감정적인 나'에게 대처하는 법

자, 다시 한번 '감정 통제'를 더 깊이 이해해봅시다.
이성과 감정은 서로 어긋날 때가 있습니다.

예를 들면 어린 시절, 좋아하는 아이를 괴롭힌 경험은 없나요?
예전부터 신경 쓰이던 아이가 갑자기 말을 걸어오는 바람에 자기도 모르게 무시하거나 심술궂은 말을 해버린 경험이 누구나 있을 거예요.
생각해보면 이상한 이야기지요.
좋아하면 먼저 다가가서 '같이 놀자'고 하면 됩니다.
그런데 왜 모순된 행동을 하고 마는 걸까요?

이때는 **'수치심'**과 **'공포심'**이라는 두 개의 감정이 영향을 미칩니다.

'좋아한다는 것이 주위에 알려지면 부끄러워.' (수치심)
'뒤에서 소문이 나거나 상대가 거부할까봐 무서워.' (공포심)

이런 감정이 우리의 행동을 간단히 좌우합니다.
어린 시절에는 특히 자기 감정에 대처하지 못하고 종종 극단적인 행동을 취합니다.

사랑하는 엄마를 두고 '싫다'고 하거나, 장난쳐서 혼나도 금방 반복하는 등 앞뒤가 맞지 않는 행동이 나오지요.

그때 어린이는 일부러 잘못된 행동을 해서 어른들의 반응을 관찰하고 규칙을 어기면 어떻게 되는지 알게 되면서 사회에 적응하기 위한 '사교성'을 익힙니다.

그렇게 사회의 규범과 사람의 감정을 배우지요.

하지만 실패 경험이 성장에 도움이 된다고 하더라도, 부정적인 '각성 체험'을 계속하면 그릇된 생각 습관이 드는 경우가 있습니다.

내 감정과 반대되는 행동을 하는 것에 익숙해져서 자기 감정을 속이는 버릇이 드는 거예요.

## '스트레스의 유무'로 결정한다

애초에 사회에서 살아가기 위해서는 감정에 저항해야 하는 순간이 찾아옵니다.

'오늘은 우울하지만 밝게 행동해야지.'

'사실 좋아하진 않지만 친하게 지내야 편하겠지.'
'엄마를 안심시키고 싶으니까 불안한 마음은 감추자.'
'주위 사람들에게 맞추려다가 다른 사람의 험담을 해버렸어.'
…

이렇게 **자기 감정을 눌러야 하는 순간**이 누구에게나 있을 거예요.

여러분이 뇌를 새롭게 성장시켜서 몸에 익힌 기술입니다. 인생을 헤쳐나가기 위한 처세술이지요.

**'감정을 누르는 편이 편하다.'**

앞서 말했듯 이렇게 생각하는 것도 **응급처치로서는 필요합니다**.

그렇게 행동한 자신을 스스로 칭찬해줍시다.

그것 역시 '스트레스를 이겨내는 법'이라고 평가해줄 수 있어요.

그러면 무엇이 문제가 될까요?

바로 감정을 계속 억누르는 것입니다. 그러면 계속 무리하는 상태가 이어지면서 도리어 스트레스가 발생합니다.

일시적인 조치가 아니라 만성적인 '삶의 방식'이 되면 괴로움이 찾아오는 거예요.

정신의학에서도 자기를 억누르며 사는 것은 우리가 상상하는 것 이상으로 신체에 부담을 준다는 것이 밝혀졌습니다.

스트레스는 우리 몸에도 다양한 형태로 영향을 미치지요.

예를 들어 스트레스 때문에 '위궤양에 걸렸다', '머리카락이 빠졌다' 같은 이야기를 들은 적 있을 거예요.

존스홉킨스대학이 실시한 연구에서는, 만성적인 스트레스에 노출된 사람의 경우 스트레스 호르몬이라 불리는 '코르티솔'이 체내에 지나치게 많아져서 기억력과 통찰력이 저하되고 뇌가 위축된다는 것이 밝혀졌습니다.

코르티솔이 계속 과다하게 분비되면 고혈압, 심장병, 비만, 우울증으로 이어진다는 사실도 알게 되었어요.

너무 참으면 몸에 나쁜 것은 당연합니다.

이처럼 감정을 억누르는 상태가 '지속'되는 것을 막아야 합니다.

감정을 '일시적으로 통제하는 것'과 '만성적으로 억누르는 것'은 다릅니다.

이 두 가지를 명확히 구분해야 합니다.

제4장 만만치 않은 '감정적인 나'에게 대처하는 법

# 나의 행동에 왜 '죄책감'을 느낄까?

세상 사람들이 보기에 충분히 성공한 사람도 머릿속이 이상해질 때가 있습니다.

'가면 증후군'이라는 용어를 들어본 적 있나요?
이는 '자기를 사기꾼이나 가짜라고 느끼는 증상'을 말합니다.
가면 증후군은 메리지블루*나 새 학기 증후군처럼 정신에 일어나는 병의 일종입니다.

"우연히 운이 좋았을 뿐입니다."
"주위에서 많이 도와준 덕분일 뿐, 제 실력은 아니에요."
크게 성공한 사람이 이렇게 겸양할 때가 있지요.
마음속으로는 '뭐, 내 실력도 있었지' 하고 자신감을 느끼고 있다면 전혀 문제 될 것이 없습니다.
다만 겸손한 성격은 미덕이라 할 수 있지만 지나치면 문제가 됩니다.
그중에는 성공을 받아들이지 못하고, 마음속으로는 부정적인 생각을 지우지 못하는 사람도 있으니까요.

---

\* 결혼을 앞두고 과거와 미래에 대해 느끼는 우울하고 불안한 정신 상태를 이르는 말-옮긴이

## 죄책감의 구조

'가면 증후군'은 자기를 받아들이지 못하는 심리 현상입니다.

'복권 10억 원에 당첨된 것'을 두고 온전히 '내 실력'이라고 인정할 수는 없을 거예요.

하지만 내가 일으킨 사업이 시운을 타고 큰 성공을 거두어 10억 원을 벌었다면 '내 실력'이라고 자연스럽게 받아들여도 되겠지요.

게다가 복권의 경우라도 '큰맘 먹고 샀다', '1등이 잘 나오는 가게를 조사했다', '간절히 기도했다' 등 최소한의 노력이 있었을지도 모릅니다.

실제로 움직여서 자기 판단으로 복권을 샀으니까 당첨이 된 겁니다.

그런데도 자기 '행동'이 불러온 '결과'를 도저히 실력으로 받아들이지 못하는 사람이 있어요.

'노력에 비해 너무 큰 보상이 돌아왔다.'

'나에겐 과분하다.'

이렇게 '행동'과 '결과' 사이에 발생한 큰 격차를 어떻게든 메우려고 부정적인 생각을 가동합니다.

'내가 무슨 나쁜 짓을 한 건 아닐까?'
'너무 큰 성공은 앞으로 나쁜 일이 일어날 것이라는 징조 아닐까?'

이렇게 부정적으로 생각하며 자기를 마이너스 방향으로 각성시키는 거지요.

뇌는 괴리가 너무 커서 받아들일 수 없는 현상이 일어나면 어떻게든 이유를 찾아내려는 습성이 있습니다.

그것이 비록 자기 인생에 손해가 되더라도 뇌를 안정 상태로 만들기 위해 그런 방법을 쓰는 거예요.

사람은 자기든 타인이든 너무 잘되면 '무슨 속임수를 쓴 것 아닐까?'라고 느낍니다.

이런 생각이 타인을 향할 때는 가벼운 시기심으로 그칠 수 있지만, 자기에게 향하면 사는 것이 피곤해지지요.

이것이 가면 증후군의 무서운 점입니다.

## '켕김'을 느끼는 사람

승진하고 싶지 않은 회사원 나오(가명)의 이야기입니다.

나오는 '눈에 띄기 싫다', '꺼림칙하다'라는 생각 때문에 '승진하면 시기하는 사람이 있을지도 모른다'는 심리적 불안감을 안고 있었습니다.

사실 나오에게는 과거에 트라우마 경험이 있었습니다.

'나만 지망 학교에 합격해서 친구가 질투했다.'

'얼굴이 예쁘다고 잘난 척하지 말라며 괴롭힘당했다.'

'열심히 동아리 활동을 했더니 후배 교육까지 떠안게 되어서 부담이 늘었다.'

그 영향이 부정적인 각성 체험으로 이어졌습니다.

**"눈에 띄지 말 것. 남들과 똑같이 행동해야 편하다!"**
성공 자체에 대한 '수치심'과 '공포심'이 싹튼 것입니다.

평소에 SNS를 보기만 해도 이런 생각 습관이 강해집니다.
SNS에서는 성공했거나 유명한 사람일수록 욕을 들으니까요.
"저 녀석은 사기꾼이야."
"저런 건 아무나 할 수 있어."
"그렇게 추켜세울 정도로 예쁘지도 않은데?"
…

나오는 이런 중상과 모략을 보면서 자기 안의 가면 증후군을 더욱 강화시켰을 것입니다.

그 결과 나오는 승진을 거부하고, 업무 의욕도 점차 잃어갔습니다.

타인을 향한 험담을 마치 자기에게 하는 말처럼 느끼는 사람도 많습니다.

한편 자기 실력을 스스로 알고 받아들이는 사람은 다른 사람의 비방 같은 것은 흘려 넘길 수 있지요.

**자신의 능력을 스스로 인정하는 것은 매우 중요합니다.**

2017년에 실시된 여성활약추진연구 프로젝트의 조사에 따르면, '비즈니스에서 성공한 여성은 쉽게 시기의 대상이 된다고 느끼는가?'라는 질문에 22%의 여성이 '그렇다', '다소 그렇다'라고 대답했습니다.

큰 수치가 아닌 것 같지만, 7%에 그친 남성과 비교하면 자그마치 3배에 달합니다.

남성과 비교해 여성이 훨씬 더 승진과 성공에 불편함을 느끼고 있는 거예요.

저 역시 '나는 혹시 가면 증후군이 아닐까' 생각한 적이 있습니다.

열심히 입시 공부를 해서 의학부에 입학한 후 의료 관련 직업에 종사해왔어요.

회복된 많은 환자분들로부터 감사 인사를 받기도 했습니다.

하지만 그렇게 정력적으로 일할 때조차 한편으로는 '나는 의사로서 제대로 일하고 있는가?' 자책하는 마음이 있었어요.

**아무리 노력해도 자기 자신을 인정할 수 없을 때가 있습니다.**

자기를 칭찬하지 못하고, 주위 사람들에게 인정받아도 '정말 그럴까?'

라며 받아들일 수 없을 때가 있어요.

그런 때는 저 역시 시간을 들여서 징크스의 마법으로 '각성'을 느끼려고 합니다.

아무리 힘들어도 생각을 바꾸면 나를 바꿀 수 있습니다.

"아무리 작은 일이어도 내가 나를 칭찬해줍시다."

이런 조언은 말하기는 쉬워도 실천하기는 어렵지요.

그런 만큼 제4장을 마치기 전에 다시 한번 징크스의 마법으로 각성 체험을 만들어내는 방법을 복습하고자 합니다.

제4장 만만치 않은 '감정적인 나'에게 대처하는 법

# 부정적인 생각을
# 고쳐 쓸 시간이야

사고방식을 고치거나 바꾸는 것은 이성적인 내가 문제를 자각했을 때 시작됩니다.

'이대로는 안 돼!'
'게으른 나를 바꾸고 싶어!'

여러분은 이 책을 읽으면서 이미 '머릿속이 망가졌어!'라는 깨달음을 얻을 수 있을 거예요.

부정적인 감정을 안고 있는 자기 자신 때문에 고민이라면, 이성적인 내가 나서서 징크스를 만들고 '각성 체험'을 유도해서 생각을 고쳐 쓰면 됩니다.
그리고 좋은 징크스인지 아닌지는 '다른 사람들에게 긍정적으로 말할 수 있는 내용인가'가 포인트였지요.

발바닥에 가시가 박혀 있으면 걸을 때마다 아픕니다. 마찬가지로 부정적인 생각 습관은 무언가를 생각할 때마다 '자동 사고'라는 모습으로 무의식중에 생겨나지요.
그런 가시를 빼내서 미래지향적인 징크스를 만듭시다.

그러기 위해서는 다음 네 가지가 필요합니다.

인지 → 감정 → 행동 → 되풀이

이것을 단계화하면 다음과 같은 흐름이 되지요.

- 단계 1: 이상적인 모습을 자유롭게 상상한다.
- 단계 2: 감정을 숫자로 관찰한다.
- 단계 3: 징크스의 마법을 만든다.
- 단계 4: 실패해도 반복한다.

쉽게 벗어날 수 없는 부정적인 생각을 고쳐 쓸 방법으로서 제2장에서 소개한 이 4단계를 사례를 들어 복습하겠습니다.

## '헬리콥터 부모'의 영향

신지(가명)는 매우 엄격한 부모님 밑에서 자랐습니다.

그 탓에 "저는 누가 지시를 내려주기만 기다리는 사람이 되었어

<u>요</u>"라고 말합니다.

　과보호와 지나친 훈육이라는 환경 속에서 자라면 착한 아이로 크는 것처럼 보이지만 '자주성 부족'으로 이어지는 면도 있습니다.
　최신 연구에서는 부모의 훈육과 교육이 자녀에게 미치는 영향은 그다지 크지 않다는 것이 밝혀졌어요.
　하지만 가정과 양육 환경이 앞으로의 인생에 악영향을 미칠 가능성은 있습니다.

　'식사 중에 TV를 보지 않는다'는 집안의 규칙을 어른이 된 후에도 지키는 사람이 많습니다.
　이런 집안의 규칙이 사회 규범과 너무 동떨어져 있으면 자녀의 인생관이나 가치관에도 장차 영향을 미친다고 합니다.

　미국에서는 과보호하는 부모를 '헬리콥터 부모'라고 부릅니다.
　이들은 헬리콥터처럼 자녀들의 주위를 날아다니면서 돌보고, 교우 관계에도 간섭합니다.
　그야말로 과보호 극성 부모라고 할 수 있지요.

헬리콥터 부모 밑에서 자란 아이들은 장래에 **'번아웃 증후군'**이 나타날 가능성이 높다는 것이 플로리다주립대학의 연구로 밝혀졌습니다.

번아웃 증후군은 스트레스가 많은 환경에서 일하는 사람이 갑자기 우울 같은 증상을 겪는 증후군으로 알려져 있습니다.

또한 연구에 따르면 과보호를 받는 환경에서 자란 아이들은 공부나 입시에서 오는 스트레스를 견디지 못한다고 합니다.

신지는 어린 시절부터 '실패 경험'을 해본 적이 없다고 말했습니다.

"입시는 물론이고 체육 대회나 콘서트가 있을 때도 도전하기 전에 꼼꼼하게 리허설을 했어요. 물론 부모님이 시키는 대로요. 그리고 실패할 것 같을 때는 '포기한다'는 선택을 하기도 했습니다."

입시 때 신지의 어머니는 합격률이 80%를 넘기는 학교에만 지원을 허락했습니다.

어릴 때부터 배운 피아노도, 중학교 2학년 때 콘서트에 나가려 하니 "아직 무대에 서기는 너무 이르고, 너한테는 맞지 않는 것 같구나"라고 결정한 후 그만두게 했습니다.

어머니가 **'실패하면 너무 가엾다'**며 아들을 지나치게 걱정한 것이 원인이었습니다.

자식이 실패해서 침울해 있는 모습을 보고 싶지 않은 것도 이해합니다. 하지만 그렇다고 무작정 도망치게 하는 건 부모로서 해서는 안 될 일입니다.

중요한 것은 **'만약 실패해도 다시 일어설 수 있음'**을 알려주는 거예요.

어른의 세계를 봅시다.
"그때 실패하는 바람에 진짜 고생했어."
이렇게 말하는 사람일수록 의외로 단단한 성품을 지니고 있습니다.
도전하고 실패하며 이겨내는 경험을 어린 시절부터 해왔는지가 앞으로의 인생에 영향을 미치는 거예요.

피아노 발표회에서 실수하는 것, 친구와 잘 사귀지 못하는 것, 입시에서 떨어지는 것….
신지의 어머니는 '헬리콥터 부모'처럼 이런 귀중한 실패 경험을 모두 빼앗았습니다.
부모 입장에서는 자식이 잘못된 길로 가려는 것을 좋은 마음으로 막아주고 싶습니다. 하지만 그 결과 아이들은 입시나 사회생활 등에서 스트레스를 마주하고 자기 힘으로 대처하는 방법을 배우지 못합니다.

이렇게 해서 금방 그만두는 생각 습관이 붙고 이른바 '지시 대기형 인간'으로 불리게 되는 겁니다.

헬리콥터 부모는 곤잘 이렇게 말합니다.
"내가 시킨 대로 하니까 좋았지?"
인생 경험이 풍부한 부모에게 맡겨두면 아이가 하는 것보다야 잘할 수도 있겠지요.

하지만 인생의 모든 선택지를 부모에게 맡겨두는 버릇이 생기면 **'중요한 일은 부모님이 결정하면 된다'**는 각성 체험으로 이어집니다.

그 결과 아이는 자립심을 잃은 채 사회로 나가게 됩니다.

신지는 상사에게 이런 말을 듣고 충격을 받았습니다.
"너희 세대는 스스로 일을 찾으려고 하지 않는다니까?"
그래서 '이대로는 안 된다!'라는 생각에 이르게 되었다고 했습니다.

자기가 '지시 대기형 인간'임을 자각한 신지는 무사히 변화할 수 있을까요?

## '수치심'을 뛰어넘기 위한 마법은?

결론부터 말하면 '지시 대기형 인간'이라고 자각한 시점에서 시간은 좀 걸리겠지만 서서히 변화할 수 있습니다.

가장 중요한 것은 스스로 깨닫는 거예요.

기억해야 할 것은 당장 무언가를 바꾸려고 하는 것이 아니라 '왜 지시 대기형 인간이라고 불렸을까?' 하고 잠시 멈춰서서 자기 자신을 바라보는 것입니다.

그런 다음 '이성적인 나'가 자신의 부정적인 성격을 직시하고 '변하고 싶다!'라고 생각한 시점에서 사람은 변하기 시작합니다.

신지는 네 가지 단계에 따라 문제를 극복해나갔습니다.

- ① 이상적인 모습을 자유롭게 상상한다.

우선 신지는 '이상적인 나'를 상상했습니다.

'업무 중 자진해서 아이디어를 제안하고, 그 아이디어가 채택되는 사람이 되고 싶다.'

제4장 만만치 않은 '감정적인 나'에게 대처하는 법

- ② 감정을 숫자로 관찰한다.

그렇다면 지금까지는 왜 먼저 아이디어를 제안할 수 없었을까요?

신지는 왜 스스로 움직일 수 없었는지 하루를 숫자로 돌아보며 생각하기로 했습니다.

그 결과 상사에게 말을 걸어야 할 때 **'30분 이상 머릿속에서 시뮬레이션한다'**는 것을 깨달았습니다.

자기가 한 말이 '부끄럽지 않은지' 고민하고, '혼나는 것 아닌지' 무서워했던 것입니다.

사람은 수치심과 공포심을 느끼면 움직일 수 없게 됩니다.

그는 계속 하루를 살펴보면서 어떤 시간대가 가장 상사에게 말 걸기 편한지 생각했습니다.

아침과 저녁은 피하고, **점심 식사 후 쉬는 시간이 비교적 무난하게 말 걸기 편했다는 것**을 깨달았습니다.

- ③ 징크스의 마법을 만든다.

신지는 상사에게 말 거는 일이 점심 식사 후 쉬는 시간에 가장 편하다는 것을 깨닫고, 그 상황을 좀 더 즐겁게 이어가기 위한 징크스를 생각해보았습니다.

그 결과 '점심 식사 후 기분이 좋아지는 음악을 딱 한 곡 들은 다음 말을 걸면 일이 잘 풀린다'는 징크스를 도입해서 상사에게 말을 걸 때 느껴지는 수치심과 공포심이라는 장벽을 낮추기로 했습니다.

- ④ 실패해도 반복한다.

징크스 덕분에 신지가 먼저 상사에게 말을 거는 일이 늘어났습니다.

음악을 듣고 기분을 고양시킨 후에 말을 걸자 상사가 신지를 보는 눈도 달라졌습니다.

때로는 '지금은 바쁘다'며 귀찮아했을지도 모르지요.

하지만 실패해도 반복할 수 있는 것이 징크스의 힘입니다.

다시 타이밍을 재서 음악을 한 번 더 듣고 말을 걸면 그만이니까요.

그러는 사이 어느샌가 신지는 '자진해서 아이디어를 낼 줄 아는 직원'이 되었고, 제안한 아이디어가 채택되기도 했습니다.

여기까지 왔으면 이제 안심입니다. 한 번의 각성 체험 덕분에 이상적인 나로 변할 수 있었습니다.

이렇게 신지는 자기도 납득할 수 있는 징크스를 만들어서 수치심과 공포심을 직시할 수 있었습니다.

또 자기뿐 아니라 주위의 평가도 바꿀 수 있었어요.

여기까지 읽은 후에도 '그렇게 간단히 바뀌겠어?'라고 생각하는 분이 물론 있을 거예요. '어디까지나 잘 풀린 예잖아'라고 생각하는 사람도 있을 겁니다.

하지만 이 책에서 소개한 사례는 모두 실제로 있었던 일을 바탕으로 하고 있습니다.
**사람이 안고 있는 '깊은 믿음'이 인생에 미치는 영향은 정말 엄청나다고 할 수 있어요.**

여러분이 지금 트라우마라고 생각하는 일도, 너무도 불편해서 돌이킬 수 없다는 생각에 피해왔던 인간관계마저도 '각성을 체험해서 고쳐 쓸 수 있다'고 믿어야 합니다.
그럴 수 있는 사람이니까 자신을 바꿀 수 있는 거예요.

제5장

# 앞으로도 계속 편안한 마음을 만들기 위한 지혜

제5장 앞으로도 계속 편안한 마음을 만들기 위한 지혜

# 앞으로도 마음을 '계속 편안하게' 만들기 위하여

이 책을 여기까지 읽은 독자라면,

'때로는 내 머릿속이 망가지는 순간이 있어. 하지만 그래서 좋은 점도 있어.'

라고 받아들일 수 있을 거예요.

나의 부정적인 면을 객관적으로 받아들이며 그런 부분도 내가 가진 가능성의 일부라고 '수용'할 수 있다면 인생을 바꿀 '감동 체험'을 얻을 수 있습니다.

그를 위한 방법을 제2장에서 최대한 따라 하기 편하게 풀어서 전해드렸습니다.
또 그 방법을 받아들이기 쉽게 하기 위해 제3장과 제4장에서는 실제 사례와 함께 플러스알파가 될 수 있는 지혜를 설명했습니다.

지금까지의 내용이 부디 여러분의 습관으로 자리 잡길 바랍니다.
그리고 한 분이라도 더 많은 독자가 '각성'을 체험하시길 바랍니다.

물론 그러기 위한 동기 부여를 이어나가기 힘들 수도 있습니다.
**아무리 단단해 보이는 사람이라도 정신력이 무너질 때는 있으니까요.**

누구든 좋은 일이 있으면 기쁘고, 나쁜 일이 있으면 슬픕니다.

이 사실은 앞으로도 영원히 바뀌지 않을 거예요.

슬픈 일이 이어질 때 이 책에서 제시한 조언은 잊어버리고, 바로 다시 떠올릴 수 없을지도 모릅니다.

책으로 전하는 것에는 한계가 있으니까요.

**잠시 자극을 받았다고 해도 책을 덮고 일상을 살아가는 동안에 '제자리'로 돌아갈 수도 있습니다.**

그렇다면 어떻게 해야 정신을 안정시킬 수 있을까요?

마지막 장에서는 그 과제를 다루려고 합니다.

스트레스 대처법을
'지렛대의 원리'로
생각해보자

앞으로도 계속 안정적인 정신 상태를 유지하기 위해 제가 고안한 것은 **'강렬한 이미지를 만들어서 언제든 꺼내 볼 수 있게 하는 방법'**입니다.

이 책에서 말씀드릴 수 있는 전부라 할 수 있습니다.

그림을 보면서 '정신 상태와 스트레스'의 관계를 설명하겠습니다.

정신이 안정된 상태는 **'스스로 자신을 통제할 수 있는 상태'**라고 바꿔 말할 수 있습니다.

정신적인 의미에서뿐 아니라 신체적으로도, 사회적으로도 자유롭게 자기를 통제할 수 있는 상태이지요.

'불쾌한 일이 있었지만 감정을 잘 통제해서 나 자신을 좋은 방향으로 이끌었다.'

'힘든 일이었지만 내 능력을 잘 통제해서 좋은 결과를 낼 수 있었다.'

이렇게 할 수 있다면 정신 상태가 안정되어 있다고 할 수 있습니다.

하지만 스트레스에 대처하지 못할 때는 아무것도 해볼 수 없는 상태입니다.

이 그림처럼 아예 통제할 수 없는 거예요.

마음이 불안정하면 사람은 스트레스를 견딜 수 없습니다.

그런데도 스트레스에 대처하려면 억지로 힘을 주어야 할 거예요.

이때 필요한 것이 지렛대가 되어줄 **'받침점'**의 존재입니다.

제2장에서 말한 '자동 사고'가 받침점 역할을 합니다.

다음 페이지의 그림처럼 지렛대의 원리를 이용해서 스트레스를 쉽게 들어 올리고 내리며 통제하는 상태를 상상해보세요.

스트레스가 너무 크면 애초에 들어 올릴 수 없습니다. 또, 내 힘이 약해져 있을 때는 작은 스트레스도 들 수 없어요.

제5장 앞으로도 계속 편안한 마음을 만들기 위한 지혜

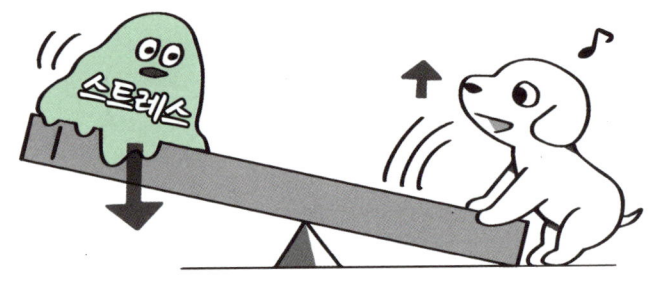

스트레스와 힘의 관계가 안정되어 균형이 잡힌 상태를 '정신이 안정되었다'고 합니다.

이 그림을 바탕으로 정신을 안정시킬 방법을 설명하겠습니다.

# 정신을 안정시키기 위한 세 가지 접근

정신을 안정시키는 장면을 상상했다면 잠시 간단한 물리 법칙을 떠올려봅시다.

물리학이라는 말에 주춤할지도 모르지만 여기서 다룰 것은 **'마음의 물리학'**입니다.

정신이라는 두루뭉술한 개념을 머릿속에 떠올리기 쉽게 하려는 것이지요. 대충 알 것 같다는 느낌이 들면 충분합니다.

조금 전의 지렛대 그림으로 말하면, 작용하는 힘은 딱 세 개입니다. **'힘점', '받침점', '작용점'**이지요.

사람의 정신이 이 세 가지로 구성되어 있다고 생각하면 접근법도 명

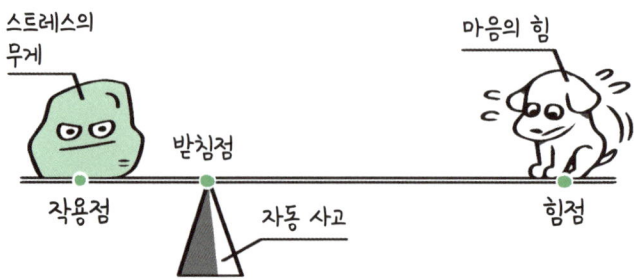

쾌해집니다.

정신을 안정시키기 위해 세 가지 측면에서 접근해봅니다.

- '힘점(마음의 힘)'을 강화한다.
- '받침점(자동 사고)'을 바꾼다.
- '작용점(스트레스의 무게)'을 약화한다.

정신이 안정된 상태란 곧 이 세 가지 방법을 구사해서 스트레스를 자유자재로 들었다 내릴 수 있는 상태를 말합니다.

반대로 정신이 안정되어 있지 않으면 이 세 가지 중 어느 곳에 문제가 생겼다고 할 수 있습니다.

## 마음은 강해질 수 있는가?

무거운 스트레스를 가뿐히 들어 올리려면 어떻게 해야 할까요? 간단합니다. '더 큰 힘'을 투입하면 되지요.

하지만 '그러니 마음의 근력 운동을 하자!'라고 쉽게 단정 짓는 것은 성급한 일입니다.

두 가지 사실을 놓치고 있으니까요.

- '인간에게는 한계가 있다'는 사실
- '힘은 반드시 그에 상응하는 힘을 불러온다'는 사실

아무리 마음이 강해도 나보다 무거운 스트레스가 들어앉아 있다면 지렛대를 들어 올릴 수 없습니다.

게다가 힘점에 걸리는 힘이 강하면 강할수록 그 반동도 크기 마련이지요.

예를 들어 정신력이 강한 사람이 강한 힘으로 스트레스를 날려버렸다고 할까요?

하지만 그만큼의 부하가 반드시 되돌아옵니다.

여러분 주위에도 **'정신력이 강한 것 같았는데 너무 열심히 한 나머지 쓰러져버렸다'**는 사람이 있을 거예요.

정신력은 얼핏 보아서는 알 수 없습니다.

정신이 '강하다·약하다' 하는 개념은 일단 버리고, **'누구나 마음이 꺾일 때가 있다'**라고 생각해야 합니다.

'힘점'을 강화하려면 더 강한 힘으로 누르라는 간단한 이야기가 아닙니다.

정신을 안정시키려면 **'힘을 내야 할 때는 내고'**, **'힘을 빼야 할 때는 빼야'** 합니다. 적절한 힘으로 편안하게 통제할 수 있는 균형감이 중요한 거예요.

자, 어떻게 해야 '힘점'에 가해지는 힘을 통제할 수 있을까요?

대답은 간단합니다.

**'누군가와 함께'** 받치면 됩니다.

그러면 적절하게 '힘점'에 힘을 줄 수 있고, 피곤해졌을 때는 힘을 뺄 수도 있습니다.

아주 간단한 이야기처럼 들릴 거예요. 정신을 안정시킬 때는 함께 힘을 주기도 하고 서로 기댈 수도 있는 상대를 만드는 것이 효과적이라는 사실을 기억해두세요.

'힘점'을
지탱해줄
파트너의 존재

서로 기댈 수 있는 파트너가 정신에 안정을 가져다준다고 앞에서 말했습니다.

그 말만 보고 '그럼, 결혼이라도 하면 되는 거야?'라는 생각이 들었을 수도 있어요.

하지만 사실 **결혼이라는 제도 자체는 정신의 안정과는 아무런 관계가 없다**는 것이 정신의학적으로 밝혀졌습니다.

물론 좋은 사람을 만나면 건강한 하루하루를 보낼 수 있을 거예요.

하지만 주위에 **'결혼해서 오히려 정신의 안정을 잃은 사람'**도 금방 떠올릴 수 있을 겁니다.

결혼 제도만이 파트너를 만들어주는 것은 아니에요.

충만하고 행복한 독신 생활을 즐기는 사람도 있습니다.

반면에 결혼했지만 고독을 느끼며 불행한 삶을 사는 사람도 있어요.

사실 미·비혼인 사람이 가족이나 친구들, 업무상 동료들과 강하게 연결되어서 고독감을 잘 느끼지 않는다는 것이 연구를 통해 밝혀지고 있습니다.

한편 결혼 생활이 긴 사람일수록 배우자와 자녀들을 우선하는 바람에 친구가 적어지고, 업무상 인간관계도 희박해지는 경향이 있어요.

'결혼하더니 변했다', '기대한 것과 다르다'는 생각을 하게 만드는 불행한 결혼 생활이 정신을 안정시켜줄 수는 없을 것입니다.

정신을 안정시키기 위해 결혼이라는 제도에 사로잡힐 필요는 없습니다. 중요한 것은 결혼을 했든 하지 않았든 '힘점'에서 함께 힘을 빌려주며 받쳐줄 파트너입니다.

## 파트너에게 필요한 요소

'고독'이 비만이나 흡연처럼 해를 끼친다는 것이 다양한 연구에서 밝혀졌습니다.

'고독'을 느끼는 사람일수록 인생에 의의를 찾지 못합니다. 병에 걸리기 쉽고 신체에 나쁜 영향을 받는다고 하지요.

그런 '고독'을 느끼지 않게 해주며 옆에서 부축해주는 존재가 진정한 파트너입니다.

진정한 파트너를 발견하기 위해 중요한 포인트는 세 가지입니다.

## 제5장 앞으로도 계속 편안한 마음을 만들기 위한 지혜

- 물리적 거리는 가까운가? 쉽게 만나러 갈 수 있는가? (접근성)
- 가치관이나 사고방식이 비슷한가? 이야깃거리가 부족해지지 않는가? (유사성)
- 실제로 만나는 횟수가 많은가? 여러 번 만났는가? (반복)

이 세 가지가 없으면 '힘점'을 함께 떠받칠 힘도 약해집니다.

'접근성'은 간단히 말해 '거리'가 가까운가입니다.
우리는 물리적으로 가까운 사람을 더 친근하게 느낍니다.
부모님 집에 오랫동안 가지 않으면 아무리 부모님이어도 '어? 원래 이랬나?' 하고 어색함을 느끼기 마련입니다.

장거리 연애를 하는 커플도 거리가 멀어질수록 깨지기 쉽습니다.

학교를 졸업하면 사이가 좋았던 친구와도 관계가 얕아지고 이야기도 통하지 않게 되지요.

'유사성'이란 가치관이나 좋아하는 것 등 '감수성'이 가까운가입니다.

함께 있어도 피곤하지 않고, 어색함을 느끼지 않는 것이 중요합니다.

서로 잘 모르는 사이면 깊은 관계를 맺기도 힘들고 이야기할 것도 없어서 자꾸 침묵이 생기지요.

분위기를 타고 결혼했어도 서로 감수성이 너무 맞지 않으면 충돌이 잦아집니다. 함께 있으면 스트레스를 받게 되지요.

'반복'은 만나는 '횟수'가 많은가입니다.

사람이란 많이 만나면 만날수록 친근감을 느낍니다.

TV 광고에서 같은 상품을 반복해서 보면 자기도 모르게 그 상품이 친숙해지고 신뢰감도 생기지요.

마찬가지로 직장이나 학교에서 자주 만나면 깨닫지 못하는 사이 친근감이 생겨서 애정으로 발전하기 쉬워집니다.

'반복'의 경우 물리적 거리는 문제가 되지 않습니다. SNS로 이어진 사이여도 친근감을 느끼니까요.

한마디도 나누지 않는 직장 사람보다 SNS에서 '좋아요'를 눌러주는 사람 덕분에 스트레스가 풀립니다.

다만 '반복'에는 좋아하는 사람은 더 좋아지게 하고 싫어하는 사람은 더 싫어지게 하는 효과가 있습니다. '접근성'과 '유사성'을 확보한 후에 '반복'을 실행하는 것이 중요합니다.

이런 세 가지 조건을 모두 갖추었으면서 나에게 '맞는다'고 직감적으로 느껴지는 상대가 바로 여러분의 고독감을 해소시켜줄 이상적인 파트너입니다.

그 파트너가 꼭 이성일 필요는 없습니다. 부모님이나 형제자매 같은 가족, 동성친구, 반려동물 등 고독감을 해소시켜주는 존재라면 '힘점'을 받쳐줄 테니까요.

## 이상적인 파트너를 만나는 법

그렇다면 이상적인 파트너를 만나기 위해 어떻게 해야 할까요?

정신과 의사로서 많은 사람을 만나왔습니다. 공통점이 있다면 '같은 취미를 가진 사람과 이어진다'는 것입니다.

취미 모임에 나온 사람들이 모두 사교적이고 밝은 성격은 아닙니다.

오히려 평소에는 말수가 적고, 타인과의 만남에 소극적인 사람도 많지요.

그런데도 같은 것을 '좋아하는' 사람끼리 모이면 대화에도 활기가 돌고 쉽게 친해집니다.

이렇게 '유사성'을 충족시키는 장소에 가면 만남이 발생할 확률이 높아집니다.

그 안에서 '근접성'과 '반복'을 채워주는 사람과 만나면 됩니다.

요즘은 어플이나 SNS를 통한 만남도 주류가 되었습니다.
그 안에서도 이루어지는 일은 똑같습니다.
나와 똑같은 것을 '좋아한다'는 공통점을 먼저 찾은 다음, 실제로 만나보고 잘 맞는지 확인하는 것입니다.

이때 중요한 것은 **'나에게 파트너 같은 건 '절대로' 안 생길 거야'**라는 부정적인 신념을 가지고 있지 않은지 깨닫는 일입니다.

나이나 과거의 트라우마 같은 것이 원인이라면 이 책에서 지금까지 소개한 내용을 실천해서 뛰어넘으세요.
우리는 과거의 사건을 바꿀 수 없습니다. 하지만 **'열등의식'은 앞으로 어떻게 생각하느냐에 따라 바꿀 수 있어요.**

이렇게 말하는 저도 친구가 아주 많은 편은 아닙니다.
오히려 쏠쏠함을 맛보았던 인간관계가 더 많을지도 몰라요.
그래도 새로운 만남을 거부하지는 않습니다.

세상의 모두와 사이좋게 지낼 수 있는 사람은 없어요. 사람과 사람은 반드시 맞고 안 맞음이 있습니다.

여러분을 지지해줄 파트너도 분명 어딘가에 있을 거예요.

그렇게 믿고 혼자서 스트레스를 짊어지겠다는 생각은 버려야 합니다.

'받침점'을
어떻게
움직일 것인가?

정신을 안정시키기 위한 방법을 270쪽에서 일러스트로 제시한 '힘점', '받침점', '작용점'을 중심으로 말하고 있습니다.

조금 전에는 '힘점'에 대해 이야기했어요. 이제부터 '받침점'을 생각해 봅시다.

여기서 잠깐, 물리 문제입니다.

다음 그림에서 스트레스를 들어 올리기 쉬운 것은 어느 쪽일까요?

눈여겨보아야 할 곳은 **'받침점의 위치'**입니다.

위 그림은 '받침점'이 스트레스에 가깝고, 아래 그림은 '받침점'이 스트

레스에서 먼 곳에 있습니다.

'받침점의 위치'에 따라서 '힘점'에 걸리는 힘의 크기도 변합니다.

실제로 책상에 있는 물건으로 실험해보면 알 수 있을 거예요. 둘 중 위의 그림처럼 해야 스트레스를 간단히 들어 올릴 수 있습니다. 정신이 더 안정된 상태이지요.

이처럼 '받침점의 위치'를 바꾸면 똑같은 힘을 주어도 작용하는 힘의 크기가 변합니다.

복습하면, '받침점'은 **'자동 사고'**를 가리켰어요.

어떤 사건이 일어났을 때 공포나 불안 같은 감정이 무의식중에 따라오는 것이 '자동 사고'이지요.

그 '위치'를 움직이면 영향력도 변화시킬 수 있습니다.

우리를 괴롭히는 가장 큰 고민이 '인간관계'라고 합니다.

권위적으로 구는 상사와 매일 얼굴을 마주하면 당연히 정신이 불안정해집니다.

마찬가지로 학교에서 괴롭히는 아이와 같은 동아리라면 생각만 해도 위가 아파지지요.

이러한 공포와 불안은 스트레스와 거리를 둠으로써 통제할 수 있습니다.

권위적인 상사 때문에 고민하는 상황이라면 부서나 담당을 바꿔달라고 요청해서 스트레스를 줄일 수 있습니다. 괴롭힘 역시 전학을 가거나 반을 바꾸는 등 거리를 두면 진정되지요.

### 자동 사고는 환경을 바꿔서 통제할 수 있습니다.

'받침점(자동 사고)'의 영향력을 변화시키기 위해서는 환경을 바꾸는 것이 가장 간단하고 효과적입니다.

'적응장애'라는 병명을 들어보셨나요?

스트레스로 인해 답답함과 무기력, 불면 등의 증상이 일어나는 정신질환입니다. **'환경 변화 때문에 발생하기 쉽다'**고 하지요.

계기가 되는 환경 변화는 사람마다 다릅니다.

이사, 전근, 인사이동, 입학, 전학, 반 배정, 이혼 등 부정적인 원인으로 발병하는 경우가 많지만 결혼이나 자녀의 탄생, 승진 등 긍정적인 환경의 변화 때문에 일어나기도 합니다.

적응장애는 자동 사고가 무의식중에 불러일으키는 감정에서 오는 피로함이 주된 원인이라고 하지요.

환경을 정돈하고 공포나 불안을 느끼게 하는 요소에서 멀어지는 것이 적응장애의 가장 효과적인 치료법입니다.

'정신을 안정시키기 위해서 자동 사고를 통제하는 법' 역시 마찬가지라고 할 수 있습니다.

## '나의 가치'는 환경에 따라 변한다

인간은 누구나 어떤 식으로든 살아 있는 의미를 찾으려고 합니다.

'사회에서 다른 사람에게 도움을 준다', '가족을 부양한다', '세계를 지킨다' 등 거창한 의미를 찾으려 할지도 모릅니다.

하지만 기억해야 할 것이 있습니다. 사회에 반드시 필요한 '절대적인 가치'를 가진 인간은 존재하지 않는다는 것입니다.

예를 들면 대통령은 어떻습니까?

대통령도 임기가 끝나면 바로 다른 사람이 취임합니다. 사회적으로 본 '절대적인 가치'라는 것은 고작 그 정도입니다.

저를 포함해 인간은 모두 평등합니다. 사회적으로 보았을 때 '특별한 가치는 없는 존재'라고 할 수 있어요.

인간이 모두 평등하게 '절대적인 가치를 갖지 않는다'는 이야기는 사실 희망입니다.

우리 집에서는 수돗물의 가치를 깨닫기 어렵지만, 산꼭대기나 사막 한가운데라면 수돗물은 아주 큰 가치가 있겠지요.

마찬가지입니다. **'나를 필요로 하는 사람'과 '나를 필요로 하는 장소'에서 살아가면 나만의 '상대적인 가치'가 생겨납니다.**

우리는 사회가 결정한 '절대적인 가치'가 아니라 인간으로서 '상대적인 가치'를 높이는 방식으로 살아감으로써 정신에 어렵지 않게 안정을 가져올 수 있습니다.

도쿄의 응급 병원 정신과에서 바쁘게 일하던 시기가 있었습니다.

그때는 자신감이 넘쳤습니다. '이 병원에서 나는 없어선 안 될 존재'라고 진심으로 생각했으니까요.

그러던 어느 날 과로로 건강이 나빠져서 쓰러졌습니다.

자기 관리를 제대로 하지 못한 내가 부끄러웠고, 치료 중이었던 환자분에게도 정말 죄송했습니다. 무엇보다 '내가 없으면 병원이 큰일날 텐데'라고 생각했어요.

하지만 제가 없어도 병원은 아무렇지 않게 돌아갔고, 환자는 다른 선생님이 치료를 인수했습니다.

비싸게 매긴 저의 '절대적 가치'는 결국 착각에 불과했던 거예요.

그 후 저는 지역의료에 종사하기 위해 의사가 없는 지방 마을로 이동했습니다.

도시부의 응급 병원에 비해 지방 병원에는 내원하는 환자 수도 한계가 있었고, 심지어 환자가 한 명도 오지 않는 날도 있었습니다.

하지만 그 지역에 정신과 의사는 저 하나뿐이어서 저는 마을 주민분들에게 크게 환영받았어요.

그곳에서 진심으로 충만한 시간을 보낼 수 있었습니다.

사회적으로 보아 저의 '절대적 가치'는 도쿄에서나 지방에서나 똑같을 거예요.

하지만 '상대적 가치'를 느끼게 해주는 사람이 주위에 많아지자 살아갈 의미가 되는 가치가 확연히 높아진 '기분'이 들었습니다.

인생을 의미 있게 살아가기 위해서는 나의 가치를 제대로 인정해주는 사람과 함께 지내야 합니다.

내 가치를 인정해주는 사람은 어디에 있을까요?

친구와 가족, 반려동물에게 나는 바꿀 수 없는 존재, 즉 '상대적 가치'가 높은 존재입니다.

"네가 살아 있는 것 자체에 가치가 있어."

이렇게 생각해주는 존재와 함께 살아가면 여러분의 정신은 앞으로도 계속 안정을 유지할 수 있을 것입니다.

'작용점'에
걸리는 힘을
어떻게 줄일까?

스트레스에 관해 한 가지 질문하겠습니다.

"스트레스는 0이어야 한다. 그렇습니까, 아닙니까?"

"그렇습니다"라고 대답할지도 모릅니다.
하지만 스트레스는 '만족감'과 '보람'을 만들어내기도 합니다.
우리에게 성취감과 자신감을 주는 것들이지요.

반대로 스트레스가 하나도 없다면 공허함이 생겨납니다.
하루 종일 집 안에 있으면서 먹을 것도 부족함 없이 제공된다면 어떨까요?
처음엔 좋겠지만, 이렇게 <u>스트레스가 하나도 없는 환경에 계속 있으면 오히려 병에 걸린다</u>는 사실도 밝혀졌습니다.

스트레스는 영양소와 비슷합니다. 0이어도 안 되고, 과도하게 섭취해서도 안 됩니다.

## 스트레스를 '가볍게' 하기 위한 아이디어

스트레스를 경감하기 위해 생각해볼 수 있는 방법은 두 가지입니다.

하나는 '물리적으로 스트레스를 줄이기'입니다.

스트레스는 웨이트 트레이닝용 역기와 비슷합니다. 하루아침에 갑자기 100kg짜리 역기를 들어 올릴 수는 없어요.
나에게 '적당한 무게'를 찾는 것이 중요하지요.

예를 들어 회사에서 하는 일은 변함없지만 '출근 시간에 느끼는 스트레스'만 줄어도 직장 생활이 훨씬 나아집니다.
멜버른대학의 연구에 따르면 통근 시간이 긴 사람일수록 건강을 해치기 쉽습니다.
또 뉴질랜드의 한 금융 서비스 회사가 실시한 실험에 따르면, 급여는 유지하고 주5일제에서 주4일제로 바꾸었더니 생산성이 약 20% 향상되었고 스트레스 수치도 줄어들었습니다.
이처럼 업무 스트레스를 줄이기 위해 시도할 방법들은 아직 남아 있습니다.

두 번째 방법은 '반대 방향으로 작용하는 스트레스'를 이용하는 것입니다.

그림으로 표현하면 다음과 같습니다.

부정 스트레스는 마음을 무겁게 하지만, **'풍선 같은 긍정 스트레스'**로 마음의 무게를 상쇄할 수 있습니다.

지렛대가 제대로 작용하지 않아서 마음이 불안정할 때도 '긍정 스트레스'로 부담을 줄일 수 있는 거예요.

무엇을 두고 '긍정 스트레스'라고 할까요?

사람에 따라 다르니까 나의 '긍정 스트레스'와 '부정 스트레스'를 정리할 필요가 있습니다.

스트레스란 원래 외부에서 자극을 받았을 때 발생하는 긴장 상태를 가리키는 말입니다.

즉 '생체에 작용하는 외부 자극(stressor)에 대응해 발생하는 생체의 비특이적 반응의 총칭'입니다.

간단히 말해 자극이 유발한 '반응'이지요.

사실은 '평소에 느끼는 모든 자극'이 스트레스를 불러일으키는 거예요.

"생일 축하해"라는 말을 들으면 기쁨을 느낄 겁니다.

이 '기쁨'이라는 반응도 일종의 스트레스이고, 반대로 상사의 잔소리 때문에 느낀 '불쾌감'도 스트레스입니다.

다만 사람에 따라서는 생일 축하를 받는 것이 '나이 먹은 걸 알게 되니까 싫어!'라며 불쾌하게 느껴질 수도 있습니다.

이렇듯 나에게는 어떤 것이 긍정 스트레스고, 어떤 것이 부정 스트레스인지 선별하는 것이 중요합니다.

사우나나 마라톤 같은 취미는 처음에는 열기나 피로 때문에 스트레스를 만들어낼 뿐인 행위입니다.

하지만 반복하는 사이 스트레스를 이겨내면 **'큰 성취감'**을 얻을 수 있습니다.

여기에 스트레스에서 해방될 수 있는 힌트가 있습니다.

정해진 시간 동안에만 스트레스를 받은 다음 해방되어서 뇌가 목표를 달성하면 '성취감'을 느낍니다.

사우나나 마라톤도 스트레스를 견디면 견딜수록 나중에 더 큰 쾌락이 찾아옵니다.

이러한 쾌락은 이 책에서 반복해서 강조한 **'각성 체험'과 같은 구조**입니다.

사람에 따라 스트레스에서 느끼는 감정이 다릅니다.

정신이 취약할 때는 나에게 부정적인 스트레스에만 정신이 팔려 있을지도 모릅니다. 그럴 때는 파트너의 도움을 받거나 징크스의 마법을 도입해보세요.

그 후 다소 안정감을 찾았다면 '긍정적인 스트레스'를 찾아내는 것이 중요합니다.

- 운동에서 오는 피로감을 받아들인다.
- 머리를 쓰는 취미에 도전한다.
- 자극을 주는 친구와 만나서 이야기한다.
- 보람을 느낄 수 있는 봉사 활동에 지원한다.

정신이 안정을 되찾은 시점에서 이 같은 '긍정 스트레스'를 내 안으로 받아들이세요.
이런 활동들이 앞으로 찾아올 스트레스를 가볍게 해줄 것입니다.
그를 통해 앞으로도 계속 안정적인 정신 상태를 유지할 수 있지요.

\*

제5장에서는 안정적인 정신 상태를 계속 유지하기 위한 세 가지 접근 방법을 소개했습니다.
제2장~제4장을 통해 말한 '징크스 만들기'와 '각성 체험'을 실천한 후 안정된 정신 상태를 유지하기 위해 부디 시도해보시길 바랍니다.

앞에서 설명한 '지렛대의 원리'를 머릿속에 각인해두면 큰 도움이 될 거예요.

여기까지 읽었다면 분명 실천도 할 수 있습니다.
**'나도 바뀔 수 있을 것 같아'라는 느낌이 찾아왔을 때가 바로 기회입니다.**
이제, '감정적인 나'와 친구가 될 시간입니다.

## 맺는말

여기까지 읽어주신 독자 여러분에게 마지막으로 '행복'에 관한 지혜를 나누고 싶습니다.

"여러분에게 '행복'이란 무엇인가요?"

이런 질문을 하면 웬 뜬구름 잡는 소리냐며 거부감을 느끼는 사람이 있을지도 모릅니다.
하지만 '정신의 안정'과 '행복'은 깊은 관계가 있습니다.
부정적이고 머릿속이 망가지기 쉬운 특성이 있는 사람이 실은 '행복'해지기도 쉽기 때문입니다. 마지막으로 그 이유에 관해 말씀드리고 싶습니다.

사람이 느끼는 '행복'에는 여러 종류가 있습니다.
예를 들어 맛있는 푸딩을 먹었을 때 사람은 '맛있다!'라고 느끼며 행복감에 젖지요.
음식이나 술, 도박과 관계된 행복감에는 '즉효성'이 있습니다.

## 맺는말

동시에 바로 식어버린다는 특성도 있어요.

한편 좋아하는 사람과 함께 시간을 보내거나 공원이나 해변을 느긋하게 산책하는 등 은은하게 느껴지는 행복감도 있습니다.
이처럼 천천히 다가오는 행복이야말로 안정된 정신을 만들어냅니다.

물론 행복의 형태는 사람마다 다릅니다.
고독함이 좋아서 혼자 있을 때 행복을 느끼는 사람이 있는가 하면 여럿이 놀 때 행복을 느끼는 사람도 있을 겁니다.
여기서 알아두었으면 하는 것은 전 인류에게 해당하는 '행복의 법칙성'입니다.

예를 들어 '병이 나아서 행복하다'는 누구에게나 해당하는 행복의 모습일 거예요. 사회적으로 성공한 사람도, 죄를 저지른 범죄자도 모두 병에 걸리니까요.
그런 자연의 법칙을 거스를 수는 없습니다.
암이나 뇌출혈 같은 중병이든, 감기 같은 가벼운 병이든 모든 질병은 사람이 행복을 느끼기 힘들도록 방해합니다.

그런 병에서 회복해 평범한 일상생활을 되찾으면 누구나 똑같이 '행복'을 느낄 것입니다.

아니면 문명사회에서 살면서 '읽고 쓰지 못하면 불행하다'는 것도 생각해볼 수 있어요.

문맹 상태로는 사회에서 살아가기 힘듭니다.

직업도 찾기 힘들고, 연인이나 친구를 만들 기회도 상당히 한정될 거예요.

읽고 쓸 줄 아는 우리는 이미 행복을 손에 넣었다고 생각할 수도 있습니다.

이런 행복은 눈에 보이지 않습니다.

하지만 분명 존재하고 있어요.

병에 걸리는 것은 바꿀 수 없는 '운명'이지만, 싱거운 음식을 먹고 체중을 관리하는 등 바른 생활 습관을 도입하면 당뇨병에 걸릴 확률이 낮은 인생을 보낼 수 있습니다.

친부모님이나 타고난 성별을 바꿀 수 없듯, 우리 인생의 99%는 '운명' 지어져 있을지도 모릅니다.

하지만 보편적인 행복의 법칙성을 받아들이면 1%의 '행운'을 불러올

## 맺는말

수 있어요.

스스로 바꿀 수 있는 1%의 '행운'을 손에 넣을 수 있는 것은 부정적인 사고를 가진 사람들입니다. 바로 가끔 머릿속이 엉망진창일 때가 있는 여러분이지요.

우리는 '언제나 긍정적이어야 한다'고 늘 배워왔습니다.
'행복한 인생은 이래야 한다', '이런 인간이 되어야 한다'며 사회나 타인이 강요한 것만이 행복의 모습인 줄 알았습니다.
하지만 저마다의 인생과 가치관이 다르듯, 강요된 행복의 모습이 나에게도 맞을 거라는 보장은 없어요.

예전 세대가 가지고 있던 사회적으로 긍정적인 가치가 요즘에는 받아들여지지 않습니다.
학력, 대기업 취직, 결혼과 육아 등 세상이 요구하는 긍정적인 행복만을 좇는 것이 아니라, 틀에 박히지 않은 행복이나 설령 부정적으로 보이더라도 자기가 느끼는 행복을 추구하는 사람.
이런 '나름의 행복'을 느끼는 사람들이 뚜렷이 늘고 있습니다.
행복의 다양화 덕분에 우리는 저마다 '나에게 와닿는 행복'을 고를 수 있게 되었어요.

머릿속이 엉망진창일 때가 있는 사람은 뭐든지 부정적으로 보는 것이 특기입니다. 그런 만큼 보통 사람은 모르고 지나가는 행복도 깨달을 수 있어요.

사회가 요구하는 긍정성의 강요에 휩쓸리지 말고, '나는 다른 누구도 아닌 나'라는 신념 아래 하고 싶은 일을 계속하는 것이 바로 인간이 행복해지기 위한 보편적인 법칙입니다.

지금까지 징크스 만들기와 각성 체험 등 다양한 방법을 소개했습니다. 이 방법들을 자유자재로 활용하며 '자기 인생을 자기 손으로 통제할 수 있으면 사람은 행복해질 수 있다'는 것을 부디 실감할 수 있길 바랍니다.

사람은 불안해지면 과거의 트라우마에 사로잡히거나 사회의 상식에 묶여서 자기 손으로 인생을 통제하고 있다는 감각을 잃습니다.

그럴 때 감정적인 나를 자각해서 통제권을 되찾고 다시 내 인생의 길을 걸을 수 있게 되는 것. 그것이 이 책의 목적지입니다.

## 맺는말

"누구나 머릿속이 엉망진창이 될 때가 있습니다. 그때 여러분의 가능성이 열릴 수도 있습니다."

이 말을 꼭 기억해주시길 바랍니다.

## 참고문헌

### 들어가는 말

(1) Nancy L. Segal and Yoon-Mi Hur (2022) "Personality traits, mental abilities and other individual differences: Monozygotic female twins raised apart in South Korea and the United States" *Personality and Individual Differences* vol.194 (2022).

(2) Cole, S.W., Hawkley, L.C., Arevalo, J.M. *et al.* "Social regulation of gene expression in human leukocytes" *Genome Biology* 8, R189 (2007).

(3) Barbara L. Fredrickson, Karen M. Grewen, Kimberly A. Coffey, Sara B. Algoe, Ann M. Firestine, Jesusa M. G. Arevalo, Jeffrey Ma, and Steven W. Cole "A functional genomic perspective on human well-being" *PNAS* 110 (33) (2013).

### 제4장

(1) Justin B. Echouffo-Tcheugui, Sarah C. Conner, Jayandra J. Himali, Pauline Maillard, Charles S. DeCarli, Alexa S. Beiser, Ramachandran S. Vasan, and Sudha Seshadri "Circulating cortisol and cognitive and structural brain measures: The Framingham Heart Study" *Neurology* Nov 2018, 91 (21) e1961-e1970; DOI: 10.1212/WNL.0000000000006549

(2) 出典：トーマツイノベーション（現・ラーニングエージェンシー）×中原淳　女性活躍推進研究プロジェクト（2017）「女性の働くを科学する：本調査」(https://www.learningagency.co.jp/npro/2017/)

(3) 出典：トーマツイノベーション（現・ラーニングエージェンシー）×中原淳　女性活躍推進研究プロジェクト（2017）「女性の働くを科学する：追加調査」(https://www.learningagency.co.jp/npro/2017/)

(4) Hayley Love, Ross W. May, Ming Cui, and Frank D. Finncham "Helicopter Parenting, Self-Control, and School Burnout among Emerging Adults." *J Child Fam Stud* 29, 327–337 (2020). DOI: 10.1007/s10826-019-01560-z

### 제5장

(1) Daniel Kahnemanand Angus Deaton, "High income improves evaluation of life but not emotional well-being" *PNAS* Sep 2010, 107 (38) 16489-16493; DOI: 10.1073/pnas.1011492107

(2) Liang Ma and Runing Ye "Does daily commuting behavior matter to employee productivity?" *Journal of Transport Geography* vol.76 (2019), p.130-141.